AI 赋能财务：
写给财务人的 AI 使用手册

张晰　◎著

人 民 邮 电 出 版 社
北京

图书在版编目（CIP）数据

AI 赋能财务 ：写给财务人的 AI 使用手册 / 张晰著.
北京 ： 人民邮电出版社，2025. -- ISBN 978-7-115
-67121-9

Ⅰ．F275-39

中国国家版本馆 CIP 数据核字第 2025DW5235 号

内 容 提 要

本书是一本深入解析人工智能在财务领域应用的实战指南。

本书以企业财务数字化转型为核心，聚焦传统财务工作中效率低、重复劳动多、合规风险高等痛点，通过 40 多个典型案例系统阐述了如何利用 DeepSeek 等 AI 工具重构财务全流程。无论是基础核算岗的效率提升，还是管理层的战略洞察需求，本书均可提供有效的解决方案，助力财务人从"工具操作者"升级为"智能决策者"，实现从被动执行到主动赋能的跨越式转型。

◆ 著　　　　张　晰
　　责任编辑　李士振
　　责任印制　彭志环
◆ 人民邮电出版社出版发行　　北京市丰台区成寿寺路 11 号
　　邮编　100164　　电子邮件　315@ptpress.com.cn
　　网址　https://www.ptpress.com.cn
　　北京市艺辉印刷有限公司印刷
◆ 开本：880×1230　1/32
　　印张：6　　　　　　　　　2025 年 5 月第 1 版
　　字数：138 千字　　　　　　2025 年 5 月北京第 1 次印刷

定价：59.80 元

读者服务热线：**(010)81055296**　印装质量热线：**(010)81055316**
反盗版热线：**(010)81055315**

▌前 言

在数字经济与人工智能快速发展的今天，财务领域正经历着前所未有的变革。传统报表编制、数据分析、风险管控等工作流程在 AI 技术的冲击下加速重构，财务人面临的不仅是工具的迭代，更是思维模式的颠覆。本书正是在这样的时代背景下应运而生——这不是一本常规的软件操作指南，而是一把开启财务人"AI 原生化"思维的"密钥"。

本书的核心立意在于破除一个普遍存在的认知误区：将智能工具简单等同于效率加速器。当我们以"提高重复劳动效率"的思维使用 DeepSeek 时，获得的可能仅是基础的数据整理服务；但当我们用"构建智能决策中枢"的视角重新定义需求，DeepSeek 便能展现出预测建模、风险模拟、战略推演等高阶能力。正如书中所强调的："DeepSeek 能为你做什么？关键看你如何要求 DeepSeek。"这个看似简单的命题，实则揭示了智能时代最具价值的生存法则——提问能力决定生产力边界。

为帮助财务从业者真正掌握这一核心能力，本书在架构设计上实现了以下三大突破。

第一，以需求场景重构技术解析，用层层递进的对话设计，激活 AI 潜能。

第二，用财务思维重塑 AI 交互，使财务人逐步培养出将管理诉求精准"编译"为 AI 指令的核心竞争力。

第三，以案例推演突破应用边界，全书包含近 50 个典型案例，有效架起了从工具操作到智能创造的认知桥梁。

值得特别说明的是，本书避免了"万能公式"式的写作陷阱。所有案例都在强调：优秀的 AI 应用方案必定是精准需求与创造性探索的结合产物。这种启发式写作，旨在唤醒读者突破固有思维框架的勇气与智慧。

在这个财务智能化的临界点上，决定个人竞争力的不再是知识储备的多少，而是将专业认知转化为 AI 可执行方案的能力。本书试图传递的终极价值正在于此：当你能用财务总监的思维设计问题，用数据科学家的严谨构建逻辑，用战略家的远见验证结果时，DeepSeek 终将成为照亮你职业进阶之路的灯塔。

此刻翻开这本书，你开启的不仅是一段学习旅程，更是一次重新定义财务人 AI 时代核心价值的思维革命。

编者

2025 年 4 月

目 录

第一章　DeepSeek：财务人的智能助手

不管你看到没有，财务人正站在 AI 变革的临界点。本章将揭秘 DeepSeek 如何用自然语言对话破解专业壁垒：从秒级生成分录到跨场景风控，从发票地狱到战略洞察，它不仅是工具，更是重塑财务价值的"数字分身"。告别重复劳动，用 AI 将专业认知转化为可执行的方案——你的核心竞争力，将从这里开始重新定义。

第二章　分析经济业务、理解会计准则、进行会计处理——DeepSeek，你身边的智慧会计

传统会计的繁琐与误差如影随形？ DeepSeek 以"智慧会计"之名掀起效率革命！让查找错账如探囊取物，编制现金流量表快如闪电。读罢此章，你将发现：曾经耗时费力的核算工作，竟可如此优雅从容！智能工具不是替代，而是赋予财务人洞察本质的"超能力"——从此，每个数字背后都是战略决策的火花。

第三章　税务智脑：全周期税务管理

面对税率波动、政策更新与合规风险，传统经验已难招架。本章揭秘 AI 如何化身"税务导航"，从身份选择到风险预警，从税务筹划到智能合规，用实战案例教你将税务难题转化为竞争优势。当算法比经验更懂政策，你会惊喜地发现：税务管理，原来可以如此精准而从容。

第四章　合规风控矩阵：立体化防御体系

在财务领域，合规不是选择题，而是生存题。当监管利剑高悬、风险暗流涌动，传统风控模式已难敌数字化时代的复杂挑战。真实案例推演，助你从"被动应对"升级为"主动防御"，让每一笔账都经得起放大镜检验，每一份报表都成为企业稳健前行的通行证。

第五章　自动化数据工厂：效率提升利器

当传统财务深陷数据泥潭，AI 正掀起效率革命的惊涛骇浪。本章将揭开"自动化数据工厂"的神秘面纱：AI 驱动的 OCR 技术瞬间解析上千张票据，智能引擎无缝生成合规报表，动态算法实时校准会计与税务差异。告别重复劳动的黑暗隧道，用自动化流水线重塑财务人的价值坐标系。

第六章　智能分析决策系统：商业洞察引擎

数据堆成山，但真正的价值藏在哪儿？AI 分析引擎就是你的"商业探测仪"。它能从财务报表里抓出隐藏规律，提前预判市场涨跌，模拟上百种经营策略的结局。告别"凭感觉决策"，让数据替你算清每一笔账，把财务分析变成老板最想听的"未来剧透"。

第七章　流程优化引擎：比你做得更好

本章深度解析账务处理、内控合规、预算编制等核心场景，揭秘自动化数据工厂如何秒级生成报表、智能风险预警如何防患未然、多维分析如何驱动战略决策。从手工录入到智能驱动，从被动应对到主动优化，效率跃升，风险归零，战略赋能——财务数字化转型从此与众不同！

第八章　智能沟通平台：业财协同新模式

传统业财沟通壁垒重重？ DeepSeek 以 AI 搭建智能桥梁！本章深度解析自动化报表、实时数据同步、跨部门协同等创新场景，揭秘如何通过智能平台打破信息孤岛，实现业财深度融合。从手工报表到秒级洞察，从部门孤岛到数据共生，效率提升，决策精准度飞跃——财务转型从此进入"协同作战"新时代！

第一章

DeepSeek：财务人的智能助手

不管你看到没有，财务人正站在 AI 变革的临界点。本章将揭秘 DeepSeek 如何用自然语言对话破解专业壁垒：从秒级生成分录到跨场景风控，从发票地狱到战略洞察，它不仅是工具，更是重塑财务价值的"数字分身"。告别重复劳动，用 AI 将专业认知转化为可执行的方案——你的核心竞争力，将从这里开始重新定义。

1.1　DeepSeek 是什么？——财务领域的 AI 革命者

　　DeepSeek 是一款专为财务领域设计的 AI 智能助手，基于先进的大语言模型和自然语言处理技术，致力于为财务工作者提供智能化、高效化的解决方案。它不仅是工具，更是财务行业的"数字同事"——无须复杂编程，只需自然语言交互，即可完成数据清洗、报告生成、法规查询等高难度任务。

◈ 技术背景

大语言模型：像资深会计一样"懂行"

　　想象一下，DeepSeek 的大语言模型就像一个在财务行业摸爬滚打 20 年的老会计——它读过数百万份财报、分析过无数税务案例，甚至啃完了各国会计准则。这些"经验"让它能瞬间理解你的需求。

　　当你说"帮我算一下增值税留抵退税"，它不会像普通 AI 那样反问"什么是留抵退税？"而是直接调取政策文件，结合公司数据给出具体金额和操作步骤。

　　它甚至能分辨"应收账款周转率"和"存货周转率"的细微差别，就像老会计一眼看出报表里的猫腻。

自然语言处理：像聊天一样"指挥" AI

　　DeepSeek 的自然语言处理能力，让 AI 不再是冷冰冰的机器，而是像同事一样"能唠嗑"。

多轮对话

　　你问："上个月华东区的销售费用是多少？"

　　DeepSeek 回答："华东区销售费用为 85 万元，同比增加 15%。"

　　你接着问："为什么增长这么多？"

它会自动关联上下文，分析出"主要因展会投入增加"。

意图识别

即使你模糊提问："最近账上钱够不够？"它也能理解你在问现金流健康度，并生成现金流量表分析。

上下文关联

聊完预算编制后，突然问"那去年同期的数据呢？"它依然记得你刚才在讨论预算主题，直接调取历史数据对比。

行业定制化：财务人的"瑞士军刀"

普通 AI 工具像一把多功能刀，什么都能干但都不专业；DeepSeek 则是专为财务打造的"精工器械"。

税务场景

自动监测税收新政，比如发现"小规模纳税人免税额度提高"，立刻提醒你调整开票策略。

合规管理

像"法规扫描仪"一样检查合同，标记"违约金条款缺失""跨境支付汇率风险"等问题。

数据分析

不只会算数，更能说人话——比如从海量数据中提炼："过去 3 个月营销费用增长 30%，但客户转化率仅提升 5%，建议优化投放渠道。"

细节优化

连财务人头疼的"科目辅助核算"都能智能匹配，比如把"差旅费—机票"自动归类到"销售费用—交通费"。

DeepSeek 不是"什么都会一点"的杂家，而是深耕财务的专家——它听得懂行话、接得住追问、干得了脏活累活，就像给每个财务人配了一个 24 小时在线的 AI 助手，既专业又省心。

◈ 核心特点

智能化：你的财务"智能管家"

DeepSeek 的智能化就像一位贴心的私人助理，不仅会干活，还会"察言观色"。

学习你的习惯

如果你经常在每月 25 号核对应收账款，它会提前准备好数据模板，甚至自动生成催款提醒邮件。

案例

某会计习惯用"销售费用——市场推广"归类广告费，DeepSeek 会自动记住这个分类规则，后续处理同类票据时直接匹配。

个性化建议

发现你频繁修改某张报表的格式？它会弹出提示："需要保存这个模板吗？下次自动套用。"

比如你在分析成本时，它会根据历史操作推荐："上月您重点关注了人力成本，本次需要同步分析物流成本吗？"

高效性：财务界的"闪电侠"

DeepSeek 的高效性，让繁琐任务秒变"快进模式"。

1 分钟 vs 1 小时

发票处理：手工录入 100 张发票需要 3 小时，DeepSeek 自动识别＋校验，5 分钟搞定，还能标出"金额不符""抬头错误"等问题。

对账核验：银行流水和财务系统对账，人工需逐条比对，DeepSeek 直接批量匹配，差异报告立等可取。

效率翻倍的真实案例

某公司财务部用 DeepSeek 后，季度财报编制时间从 2 周压缩到 3 天，团队甚至腾出时间做了年度战略分析。

24 小时待命

深夜急着赶报告？DeepSeek 随时响应，不用等同事上班，更不用看 IT 部门脸色。

易用性：比刷抖音还简单

DeepSeek 的易用性设计，让技术小白也能玩转 AI。

零代码操作

不需要懂 Python、VBA，就像发微信一样打字提需求："把上个月华东区的差旅费按部门拆分统计。"

连下拉菜单都很少用，80% 的功能靠"说话"就能完成。

界面极简

主界面只有三个按钮即"新建任务""历史记录""帮助中心"，复杂功能藏背后，用的时候"随叫随到"。

上手零门槛

新用户培训？看个 5 分钟视频就能开工。某实习生反馈："第一天用 DeepSeek 就处理了 200 张发票，主管以为我加班到半夜！"

犯错也不怕

输错指令？"我想删掉 2022 年的数据"误操作为"删除所有数据"，系统会二次确认："您确定要删除 6 万条记录吗？"

DeepSeek 把"智能、高效、易用"塞进一个工具箱——它能记住你的习惯，干活快如闪电，操作简单到像点外卖。财务人终于可以告别加班，把时间花在"真正值钱"的战略分析上！

1.2　DeepSeek 的核心功能——让财务工作更智能、更高效

DeepSeek 的"杀手锏"功能，专为财务人量身打造，就像给你的工作配了一台"财务变形金刚"——能聊天、会算账、懂法规，甚至能帮你写报告！

◈ 自然语言交互：像和同事唠嗑一样指挥 AI

直接对话提问

不用记代码、不用点菜单，对着 DeepSeek 说人话就行！比如：

"帮我看看上个月华东区的销售费用为啥超预算了？"

"最新研发费用加计扣除政策是啥？怎么操作？"

它不仅能听懂，还能像真人一样追问细节："您指的是 2023 年新政策还是 2024 年调整后的版本？"

多轮追问不掉线

聊完预算分析，突然问"那去年同期的数据呢？"它依然记得你刚才在讨论什么，直接调出历史数据对比。

甚至能理解潜台词："最近账上钱够不够？"→自动生成现金流量健康度报告。

◈ 数据处理与分析：Excel 终结者，告别加班

发票 / 对账单自动处理

100 张发票散落邮箱？DeepSeek 像"财务吸尘器"一样，5 分钟吸出金额、税号，自动分类。

"这张发票抬头少了个字！"

"这张金额和订单差了 200 块，快检查！"

一键生成专业报表

说一句"生成三季度利润表"，立马跳出带公式、带图表、带分析的完整报表。

老板临时要数据？以前得翻半天 Excel，现在直接问："去年和今年的毛利率对比？"→3 秒出结果。

◈ 知识检索与总结：你的随身法规库 + 风险扫描仪

3 秒变身税务专家

输入"跨境电商增值税怎么交？"它不光有政策链接，还附赠"三步操作指南"：

确认商品 HS 编码；

计算综合税率（附公式）；

提醒申报截止日期。

合同风险无处藏

把合同丢给 DeepSeek，它像"放大镜"一样扫描："第 15 条违约金比例低于行业标准！""跨境支付没写汇率锁定条款！"

文案生成与优化：你的 24 小时写作秘书

报告初稿 5 分钟搞定

输入"写一份年度预算分析报告"，它立马输出带目录、数据、结论的初稿，连"同比""环比"分析都帮你填好。

老板嫌不够直观？点一下"优化为图表版"，文字秒变柱状图 + 折线图。

跨国沟通神器

需要发英文财报给总部？直接上传中文版，DeepSeek 自动翻译 + 校对专业术语，连"递延所得税资产"这种词都翻得准。

◈ 多场景覆盖：从贴发票到战略分析，全包了！

小白也能玩转高阶操作

基础活：发票录入、对账核验、凭证生成——脏活累活全自动化。

高阶活：现金流预测、投资回报分析、并购风险评估——说一句"分析收购 A 公司的财务风险"，它直接给你算 IRR、NPV，附赠风险清单。

案例

某小公司会计用 DeepSeek 后，一个人干完三个人的活，还腾出时间帮老板做了新市场拓展分析，直接升职主管！

DeepSeek 不是冷冰冰的工具，而是财务人的"全能搭档"——能听懂需求、会干脏活、擅长分析，甚至能帮你写报告吵架（合规的那种）。用了它，你会发现：原来财务工作也能这么"丝滑"！

1.3 DeepSeek 在财务领域的典型应用场景——从数据到决策，一键搞定

场景化落地，覆盖财务全流程：

场景一：发票地狱终结者

痛点分析

财务人员需处理海量发票，手工录入效率低（日均数百张），且发票格式多样（PDF、扫描件、纸质版），易出现金额错录、税号遗漏等问题。传统 OCR 工具对复杂格式识别率不足，人工复核耗时占整体工作量的 60%。

解决方案

DeepSeek 通过 AI 驱动的多模态识别技术，支持 PDF、图像、纸质文件等多格式发票解析，自动提取金额、税号、供应商名称等关键字段，并与 ERP 系统无缝对接完成数据录入。内置异常值检测算法，自动标记模糊字段或矛盾数据，减少人工复核需求。

案例展示

某零售企业财务部使用 DeepSeek 后，单月处理 10 000 张发票的耗时从 40 小时缩短至 2 小时，录入准确率提升至 99.9%，人力成本降低 70%。

场景二：合规检查快枪手

痛点分析

合同审查需匹配税务、反洗钱、行业监管等数十项法规，人工逐条核对易遗漏细节。例如，某500页供应链合同中隐藏的"关联交易"条款未被发现，导致企业面临合规处罚。

解决方案

DeepSeek基于知识图谱技术构建法规数据库，支持合同全文智能扫描，自动识别风险条款（如歧义性表述、违规付款条件），并生成风险等级评估报告，提供修改建议（如替换标准化条款）。支持与法律团队协同标注，实现审查流程闭环。

案例展示

某金融机构通过DeepSeek对跨境并购合同进行合规审查，3分钟内完成500页文件分析，标记12处高风险条款（包括3处潜在税务漏洞），最终规避了200万美元的潜在罚款。

场景三：预算编制神助攻

痛点分析

传统预算编制依赖Excel手工汇总，数据分散在销售、采购、HR等多部门，版本混乱且预测模型单一（如线性回归），难以应对市场波动。某制造企业因未预测原材料涨价，导致年度预算偏差超15%。

解决方案

DeepSeek整合ERP、CRM等多系统数据，通过时间序列分析和蒙特卡罗模拟预测成本趋势，自动生成动态预算方案。提供"沙盒模式"，支持财务人员模拟不同市场场景（如汇率波动、供应链中断），一键生成可视化图表（如瀑布图、热力图）。

案例展示

某科技公司使用DeepSeek后，预算编制周期从3周缩短至3天，预测准确率提升25%，并在半导体短缺危机中通过模拟调整，将采购成本超支控制在5%以内。

场景四：跨国沟通零障碍

痛点分析

跨国企业需向海外子公司提交多语言财报，但人工翻译成本高昂（单份报告超 5 000 元），且专业术语易误译（如"递延所得税"直译导致歧义），沟通效率低下。

解决方案

DeepSeek 内置行业术语库（覆盖 IFRS、GAAP 等标准），支持中英日德等 20 种语言精准互译，自动保留专业术语原义。提供"双语对照模式"和文化适配建议（如欧美子公司偏好直接表述，亚洲子公司需委婉措辞），确保沟通无歧义。

案例展示

某汽车集团通过 DeepSeek 翻译季度财报，翻译成本降低 60%，海外子公司反馈理解效率提升 50%，董事会决策周期缩短 40%。

DeepSeek 以"全流程覆盖＋场景化深耕"为核心，从发票处理到跨国协作，均通过 AI 技术实现数据零搬运、风险零漏检、决策零延迟，助力财务人从重复劳动中解放，聚焦战略分析与价值创造。

1.4 DeepSeek 的使用门槛与学习曲线——简单易上手，快速见成效

◇ 零基础也能玩转 AI

DeepSeek 以"自然交互"为核心设计理念，彻底打破传统 AI 工具的技术壁垒。

无须编程基础

所有功能均支持自然语言对话式操作。用户只需像日常聊天一样输入需求（如"分析销售数据并生成可视化图表""写一篇关于碳中和的行业报告"），即可直接获取结构化结果。

多场景适配

针对不同用户群体提供预设指令模板。例如，学生可快速调用"论文大纲生成器"，职场人可使用"PPT内容提炼助手"，创业者可直接对话"商业模式分析模型"。

容错性高

系统自动识别模糊指令并引导优化。若初次输出不符合预期，可通过追加描述（如"请用更简短的句子表达""换成柱状图展示"）快速调整结果。

◈ 30分钟入门：从"小白"到"熟练工"

DeepSeek为新用户打造了阶梯式成长路径，确保快速实现"第一次成功"。

10分钟速成视频

涵盖核心操作：账号注册→需求描述技巧→结果导出与分享。

重点演示"提问公式"："任务目标＋关键参数＋格式要求"（例："总结一篇500字的经济评论，论点需包含GDP增速和消费趋势，用Markdown输出"）。

20分钟实战训练

提供行业案例模板库（金融、教育、电商等），用户可选择与自身领域匹配的模板一键加载，直接修改参数即可使用。

例如："营销文案生成器"模板包含目标人群、产品卖点、风格调性三大模块，用户仅需填空即可生成高质量文案。

用户成功案例

某企业财务专员反馈："午休时看完教程，下午就用 DeepSeek 自动合并了 5 个分公司的 Excel 报表，还生成了带趋势分析的财报 PPT！"

大学生分享："输入课程关键词，10 分钟得到论文参考文献清单和逻辑框架，效率提升 3 倍以上。"

◈ 终身学习支持：成长永不停歇

DeepSeek 构建了"全生命周期"支持体系，确保用户持续释放 AI 潜能。

7×24 小时智能客服

内置"问题诊断机器人"，可识别截图 / 错误代码，自动推送解决方案（如"您遇到的输出中断问题，可尝试清空浏览器缓存或切换至 Chrome 浏览器"）。

复杂问题 30 分钟内转接人工专家，支持屏幕共享远程指导。

专属用户社群

按行业 / 兴趣划分群组（如"AI 创意设计群""数据分析师联盟"），每日分享高阶技巧。

定期举办"Prompt 挑战赛"，用户可提交创意指令，获胜方案将被收录至官方推荐库。

深度学习资源库

每周更新《AI+ 行业应用白皮书》，详解医疗、法律、制造等垂直领域的最佳实践。

每月推出"技能升级工作坊"（如"用 DeepSeek 搭建自动化工作流""跨平台数据同步技巧"），支持直播回看与课件下载。

1.5　DeepSeek 的登录与使用

◈ DeepSeek 需要花钱购买会员服务吗？

DeepSeek 通常提供基础功能的免费使用，用户无须付费即可体验核心服务（如基础问答、常规任务处理等）。但对于高阶功能或增值服务（如专属模型调用、更高频次的使用权限、专业数据分析等），可能需要购买会员或按需付费。具体是否需付费取决于用户需求：

免费版：适合个人用户或轻度使用，可能存在使用频次或功能限制。

会员 / 付费版：面向企业用户或高频需求者，提供更强大的算力、优先响应、专属支持等。

建议用户根据实际需求选择，并关注官方公告或套餐说明。

◈ DeepSeek 需要下载安装吗？

不需要。

DeepSeek 主要基于云端服务，用户可通过以下方式直接使用。

网页端：访问官方网站或指定平台，在线使用功能。

API 集成：开发者可通过 API 将 DeepSeek 接入自有系统，无须本地安装。

客户端（可选）：部分场景可能提供桌面或移动端应用（非必需），但核心功能均支持浏览器操作，实现"即开即用"。

◈ DeepSeek 需要注册用户吗？

需要。为保障服务安全性与用户权益，DeepSeek 要求注册账号后方可使用完整功能：

注册方式：支持邮箱、手机号或第三方平台（如微信、Google）快速登录。

未注册限制：部分功能可能允许游客试用，但通常无法保存记录或访问个性化设置。

账号价值：注册后可享受历史记录查询、偏好设置、会员服务绑定等权益。

建议用户完成注册以充分利用 DeepSeek 的全部能力。

◈ 登录 DeepSeek，开始我们的知识探索之旅吧

登录 DeepSeek 非常简单！你只需要以下几个步骤。

打开 DeepSeek 官网：在浏览器中输入 https://www.DeepSeek.com，的网址或者直接搜索 "DeepSeek"。

登录后，你可以在搜索框中输入你想要查询的关键词，比如 "借贷记账法" 或 "资产负债表"，DeepSeek 会迅速为你提供相关的解释、案例和应用场景。

我是 DeepSeek，很高兴见到你！

我可以帮你写代码、读文件、写作各种创意内容，请把你的任务交给我吧~

给 DeepSeek 发送消息

⊗ 深度思考 (R1)   ⊕ 联网搜索

DeepSeek 以低门槛设计为核心，用户无须付费或安装即可快速体验，但注册账号和按需选择会员服务能显著提升使用体验。具体政策请以官方最新说明为准。

第二章

分析经济业务、理解会计准则、进行会计处理

——DeepSeek，你身边的智慧会计

传统会计的繁琐与误差如影随形？DeepSeek以"智慧会计"之名掀起效率革命！让查找错账如探囊取物，编制现金流量表快如闪电。读罢此章，你将发现：曾经耗时费力的核算工作，竟可如此优雅从容！智能工具不是替代，而是赋予财务人洞察本质的"超能力"——从此，每个数字背后都是战略决策的火花。

2.1　会计分录编写，得心应手

◈ 案例概述

　　某企业销售一台设备，含税价 11 300 元，设备原值 8 000 元，已计提累计折旧 5 000 元，增值税率 13%，已通过银行存款收回全部款项。如何进行正确的账务处理呢？会计分录怎么编写？

◈ 如何编写高效提示词

　　请根据以下信息生成会计分录：

　　1. 销售设备一台，含税价 11 300 元（增值税率 13%）；

　　2. 设备原值 8 000 元，已计提折旧 5 000 元；

　　3. 款项已通过银行存款收讫；

　　4. 需包含增值税处理及资产清理结转的会计分录。

要求：

　　1. 按《企业会计准则》编制；

　　2. 分步骤展示计算过程；

　　3. 标注借贷方科目代码（如使用）。

◈ DeepSeek 回复

一、分步骤计算过程及会计分录

　　1. 计算不含税销售额和增值税额

　　含税价：11 300 元

　　不含税销售额：11 300/（1+13%）=10 000（元）

　　增值税额：11 300−10 000=1 300（元）

2. 固定资产转入清理

原值：8 000 元

已提折旧：5 000 元

账面净值：8 000−5 000=3 000（元）

会计分录：

借：固定资产清理（1606） 3 000

累计折旧（1602） 5 000

贷：固定资产（1601） 8 000

3. 记录销售收款及增值税

收到银行存款：11 300 元

会计分录：

借：银行存款（1002） 11 300

贷：固定资产清理（1606） 10 000

应交税费——应交增值税（销项税额）（22210102）

1 300

4. 结转固定资产清理净收益

清理净收益：10 000−3 000=7 000（元）

会计分录：

借：固定资产清理（1606） 7 000

贷：资产处置损益（6115） 7 000

二、完整会计分录

步骤	借方科目	借方金额（元）	贷方科目	贷方金额（元）
1	固定资产清理（1606）	3 000	固定资产（1601）	8 000
	累计折旧（1602）	5 000		
2	银行存款（1002）	11 300	固定资产清理（1606）	10 000
			应交税费——应交增值税（销项税额）（22210102）	1 300
3	固定资产清理（1606）	7 000	资产处置损益（6115）	7 000

说明

1. 增值税处理：销售设备按 13% 税率计算销项税额，价税分离后确认收入。

2. 资产清理结转：通过"固定资产清理"科目核算处置过程，最终净收益转入"资产处置损益"。

3. 科目代码：根据《企业会计准则》通用编码规则标注，实际应用中需与企业会计制度一致。

◈ 如何验证结果

验证会计分录正确性的方法：

1. 平衡验证

所有分录借贷方总额相等（总借方 =3 000+5 000+11 300+7 000=26 300，总贷方 =8 000+10 000+1 300+7 000=26 300）。

2. 逻辑验证

增值税计算：11 300÷1.13=10 000（价税分离正确）；

清理损益：收入（10 000）－账面净值（3 000）=7 000（收益匹配利润表科目）；

科目对应：固定资产清理最终余额为 0（借方 3 000+7 000，贷方 10 000）。

3. 准则合规性

符合《企业会计准则第 4 号——固定资产》关于处置损益确认的规定；

增值税处理与《中华人民共和国增值税暂行条例》一致（价税分离，销项税额单独列示）。

结论：通过平衡性、逻辑性、合规性三重验证，可确认分录正确。

2.2　千头万绪的明细账，如何查找错账

◈ 案例概述

某企业 2024 年 6 月 30 日银行对账发现以下异常。

企业银行存款日记账

月份：2024 年 3 月

日期	凭证号	摘要	借方（收入）	贷方（支出）	余额（元）
3 月 1 日	—	期初余额	—	—	12 000.00
3 月 5 日	001	收到销售收入	150 000.00	—	162 000.00
3 月 10 日	002	支付供应商货款	—	50 000.00	112 000.00
3 月 15 日	003	收回应收账款	80 000.00	—	192 000.00
3 月 20 日	004	缴纳上月税费	—	20 000.00	172 000.00
3 月 25 日	005	收到股东投资款	116 700.00	—	288 700.00
3 月 28 日	006	支付员工工资	—	30 000.00	258 700.00

银行存款交易流水单

月份：2024 年 3 月

日期	备注	收入	支出	余额（元）
3 月 1 日	期初余额	—	—	12 000.00
3 月 5 日	收到销售收入	150 000.00	—	162 000.00
3 月 10 日	支付供应商货款	—	50 000.00	112 000.00
3 月 15 日	收回应收账款	80 000.00	—	192 000.00
3 月 20 日	缴纳上月税费	—	15 500.00	176 500.00
3 月 25 日	收到股东投资款	116 700.00	—	288 700.00
3 月 28 日	支付员工工资	—	30 000.00	263 200.00

银行存款日记账期末余额：258 700.00 元；

银行对账单期末余额：263 200 元；

差额：4 500 元。

已知条件：

上次对账（3 月 1 日）余额一致；

3 月无未达账项；

记账期间为 3 月 1 日—3 月 31 日。

请问：

如何找出记录错误的那一笔明细账，保证银行日记账与银行对账单期末余额？

◈ 如何编写高效提示词

请根据以下数据排查银行记账差异。

1. 基础信息：

日记账期末余额：258 700 元；

对账单期末余额：263 200 元；

差异金额：4 500 元。

2. 数据输入：

银行日记账（3 月 1—31 日交易 6 笔，含日期 / 凭证号 / 摘要 / 借贷金额）。

银行对账单（3 月 1—31 日交易 6 笔，含日期 / 交易类型 / 金额 / 备注）。

可以把上面的两张表通过文件上传的方式告诉 DeepSeek。

3. 处理要求：

按"双向核对法"逐笔勾对；

优先检查：金额相同但方向相反、金额数字错位、重复记账；

输出差异交易明细及修正建议。

◈ **DeepSeek 回复**

一、银行记账差异分析及修正建议

根据双向核对法逐笔勾对，发现以下差异交易及可能原因。

差异交易明细表

日期	企业日记账	银行对账单	差异金额	差异原因
3月20日	缴纳上月税费 20 000 元	缴纳上月税费 15 500 元	4 500 元	银行对账单支出金额少记 4 500 元
3月28日	期末余额 258 700 元	期末余额 263 200 元	4 500 元	差异由 3 月 20 日错误累计导致

二、差异原因分析

1. 3 月 20 日交易金额不一致

企业日记账：缴纳上月税费 20 000 元，余额计算正确：

192 000（3 月 15 日余额）−20 000=172 000 元。

银行对账单：误记为支出 15 500 元，导致余额错误计算：

192 000−15 500=176 500 元（多保留 4 500 元）。

2. 差额累计影响

3 月 25 日收到股东投资款后：

企业日记账余额：172 000+116 700=288 700 元。

银行对账单余额：176 500+116 700=293 200 元（多 4 500 元）。

3 月 28 日支付员工工资后：

企业日记账余额：288 700−30 000=258 700 元。

银行对账单余额：293 200−30 000=263 200 元（差额仍为 4 500 元）。

三、修正建议

1. 核对 3 月 20 日交易凭证

企业端：检查支付税费的原始凭证（如付款回单），确认实际支出金额为 20 000 元。

银行端：联系银行核实 3 月 20 日交易流水，确认是否系统误将 20 000 元记为 15 500 元，并要求修正对账单数据。

2. 调整银行对账单金额及余额

将 3 月 20 日支出金额更正为 20 000 元，重新计算后续余额：

3 月 20 日余额：192 000−20 000=172 000 元；

3 月 25 日余额：172 000+116 700=288 700 元；

3 月 28 日余额：288 700−30 000=258 700 元（与企业日记账一致）。

3. 补充排查其他潜在错误

金额数字错位：检查是否将"20 000"误写为"15 500"（如数字录入错误）。

重复记账：确认 3 月 20 日交易未在银行系统中重复录入。

凭证一致性：核对凭证号（如凭证 004）是否与交易一一对应，避免遗漏或错乱。

四、最终结论

差异根源：银行对账单中 3 月 20 日缴纳上月税费的支出金额少记 4 500 元（应为 20 000 元，误记为 15 500 元）。

修正后：银行对账单期末余额应调整为 258 700 元，与企业日记账一致。

注：若后续对账仍存在差异，需排查是否存在其他未达账项（如手续费、利息等未记录交易）。

◈ 如何验证结果

验证 1：总交易金额平衡性检查：

日记账收支净额 =263 200− 期初余额；

对账单收支净额 =258 700− 期初余额；

差额需等于 4 500 元→确认数据完整性。

验证 2：单笔交易容错机制：

当金额差异为 9 的倍数时（如 4 500=9×500），优先检查数字倒置（如 5 800→8 500）。

2.3 快速编制银行存款余额调节表

◇ 案例概述

为准确反映华贸贸易有限公司截至 2023 年 12 月 31 日的银行存款实际余额，现根据企业银行存款日记账与银行对账单进行核对，并编制本调节表。本表旨在通过调整双方未达账项（如未入账收入、未处理支出、银行手续费等），消除账面差异，确保企业账务记录与银行数据的一致性。编制依据包括：银行对账单期末余额、企业银行存款日记账余额、已收付未同步凭证等。以下将逐项列示差异原因及调整金额，最终验证调节后余额是否相符，为财务报表的准确性提供支持。

银行流水单（12 月交易明细）

日期	摘要	收入（元）	支出（元）	余额（元）	是否未达账项
12 月 1 日	期初余额	—	—	45 000	
12 月 5 日	代收货款（企业未入账）	6 000	—	51 000	银行已收，企业未收
12 月 10 日	自动扣水电费	—	3 500	47 500	银行已付，企业未付
12 月 15 日	客户汇款（已同步）	5 000	—	52 500	—
12 月 20 日	支付供应商货款（已同步）	—	4 300	48 200	—
12 月 31 日	期末余额	—	—	48 200	

企业银行存款日记账（12月交易明细）

日期	摘要	收入（元）	支出（元）	余额（元）	是否未达账项
12月1日	期初余额	—	—	50 000	—
12月8日	收到客户转账支票	7 000	—	57 000	企业已收，银行未收
12月12日	支付供应商未兑现支票	—	200	56 800	企业已付，银行未付
12月18日	支付员工工资（已同步）	—	3 000	53 800	—
12月25日	收到客户汇款（已同步）	5 000	—	58 800	—
12月29日	支付办公费用（已同步）	—	6 300	52 500	—
12月31日	期末余额	—	—	52 500	—

◈ 如何编写高效提示词

"制造业企业 2023 年 12 月银行对账单余额 48 200 元，企业日记账余额 52 500 元，存在未达账项：

银行已收企业未收 6 000 元；

银行已付企业未付 3 500 元；

企业已收银行未收 7 000 元；

企业已付银行未付 200 元。

请：

编制银行存款余额调节表（含调整后余额）。"

◈ DeepSeek 回复

银行存款余额调节表及账务处理

依据《企业会计准则第 30 号——财务报表列报》《企业会计准则第 31 号——现金流量表》：

1. 编写银行存款余额调节表：

银行存款余额调节表（单位：元）

调整项目	金额	调整项目	金额
企业银行存款日记账余额	52 500	银行对账单余额	48 200
加：银行已收，企业未收	6 000	加：企业已收，银行未收	7 000
减：银行已付，企业未付	3 500	减：企业已付，银行未付	200
调整后企业账余额	55 000	调整后银行账余额	55 000

2. 账务调整分录

补记银行代收货款（12 月 5 日）：

借：银行存款　　　　　　　　　　　　　　　　6 000

　　贷：应收账款　　　　　　　　　　　　　　6 000

补记银行扣水电费（12 月 10 日）：

借：管理费用——水电费　　　　　　　　　　　3 500

　　贷：银行存款　　　　　　　　　　　　　　3 500

处理未兑现支票（12 月 12 日，银行未付），若确认支票作废需冲回原分录：

借：应付账款　　　　　　　　　　　　　　　　200

　　贷：银行存款　　　　　　　　　　　　　　200

3.《企业会计准则》相关要求

真实性原则（准则第 30 号）：

未达账项需在次月结账前完成调整，确保资产负债表中"银行存款"项目真实准确。

及时性原则（准则第 31 号）：

银行代收货款 6 000 元应于 2024 年 1 月补记，不得跨期确认收入。

4. 披露要求

在财务报表附注中披露未达账项金额及性质（如"未兑现支票

200 元"）。

5. 调节表编制说明

企业账调整逻辑：

原余额 52 500 元 + 银行已收企业未收 6 000 元 - 银行已付企业未付 3 500 元 =55 000 元

银行账调整逻辑：

原余额 48 200 元 + 企业已收银行未收 7 000 元 - 企业已付银行未付 200 元 =55 000 元

6. 差异归因

初始差异 4 300 元由未达账项导致，调整后余额一致，无须额外处理。

7. 执行结果

调节后余额一致：企业账与银行账均为 55 000 元。

合规性：符合《企业会计准则》对账务处理及时性、真实性的要求。

风险提示：需跟踪未兑现支票状态（200 元），避免长期挂账。

◇ 如何验证结果

1. 复核调节表计算，确保双方调整后余额一致；

2. 核对未达账项是否补记，检查分录科目合规性；

3. 比对后续银行对账单，确认在途资金与退票处理。若计算无误、收支匹配且资金流动吻合，则结果正确。

2.4　账龄法计提坏账准备不再繁琐

◈ 案例概述

公司名称：华贸贸易有限公司

会计期间：2023 年 12 月 31 日

应收账款明细表

客户名称	应收账款余额（元）	账龄天数	账龄区间	坏账准备计提比例
客户 A	50 000	25 天	0~30 天	1%
客户 B	120 000	45 天	31~60 天	5%
客户 C	80 000	70 天	61~90 天	10%
客户 D	30 000	95 天	90 天以上	20%
合计	280 000	—	—	—

◈ 如何编写高效提示词

"华贸贸易有限公司 2023 年 12 月 31 日的应收账款明细显示，客户 A（50 000 元，25 天）、客户 B（120 000 元，45 天）、客户 C（80 000 元，70 天）、客户 D（30 000 元，95 天）分别属于 0~30 天、31~60 天、61~90 天、90 天以上账龄区间。根据坏账准备计提比例（0~30 天 1%，31~60 天 5%，61~90 天 10%，90 天以上 20%），请计算各区间及合计的坏账准备金额"。

◈ DeepSeek 回复

一、数据收集与核对

获取应收账款明细表，确认客户名称、余额及账龄天数（如客户 A 余额 50 000 元，账龄 25 天）。

验证账龄天数与区间划分逻辑（如 25 天属于 0~30 天区间）。

二、账龄区间分类

按预设区间分类：

0~30 天：客户 A（50 000 元）；

31~60 天：客户 B（120 000 元）；

61~90 天：客户 C（80 000 元）；

90 天以上：客户 D（30 000 元）。

三、坏账准备分项计算

按区间金额 × 计提比例逐项计算：

0~30 天：50 000×1%=500 元；

31~60 天：120 000×5%=6 000 元；

61~90 天：80 000×10%=8 000 元；

90 天以上：30 000×20%=6 000 元。

四、总额汇总与验证

加总各区间坏账准备：500+6 000+8 000+6 000=20 500 元

核对应收账款总额（280 000 元）与各区间金额之和一致。

五、编制分析表

制作"账龄分析及坏账准备计算表"，列示：

账龄区间、应收账款金额、计提比例、应计提坏账准备。

示例：

账龄区间	金额（元）	计提比例	坏账准备（元）
0~30 天	50 000	1%	500
31~60 天	120 000	5%	6 000

续表

账龄区间	金额（元）	计提比例	坏账准备（元）
61~90 天	80 000	10%	8 000
90 天以上	30 000	20%	6 000
合计	280 000	—	20 500

六、附注与审核

说明计提比例依据企业会计政策或行业标准。

提交财务负责人审核，确保逻辑无误且符合会计准则。

◈ 如何验证结果

1. 核对数据

确认应收账款明细表中客户 A、B、C、D 的余额及账龄天数是否准确。

2. 计算验证：

按账龄区间重新计算坏账准备金额，例如 0~30 天：50 000×1%=500 元，31~60 天：120 000×5%=6 000 元，依此类推。

3. 汇总核对：

将各区间坏账准备金额相加，确认总额是否为 20 500 元。

4. 逻辑检查：

确保账龄区间划分和计提比例应用正确。

2.5 暂估入账，理清步骤，清清楚楚

◈ **案例概述**

公司名称：宏达制造有限公司。

业务场景：2023 年 12 月采购一批原材料，货物已验收入库，但截至 12 月 31 日未收到供应商发票。

采购信息：

货物名称：A 型钢材；

数量：10 吨；

合同约定单价：12 000 元 / 吨（不含税）；

暂估总金额：10 吨 × 12 000 元 =120 000（元）；

增值税税率：13%。

时间节点：

货物入库日期：2023 年 12 月 25 日；

发票收到日期：2024 年 1 月 5 日（实际金额与暂估存在差异）。

◈ **如何编写高效提示词**

"宏达制造有限公司 2023 年 12 月采购 10 吨 A 型钢材，合同约定单价为 12 000 元 / 吨（不含税），暂估总金额为 120 000 元，增值税税率为 13%。货物于 12 月 25 日验收入库，但截至 12 月 31 日未收到发票。2024 年 1 月 5 日收到发票后，实际金额与暂估金额存在差异。请说明暂估入账的会计处理步骤，并描述发票收到后如何调整差异。"

◈ **DeepSeek 回复**

一、2023 年 12 月暂估入账处理（发票未到）

暂估原材料入库：

根据合同约定单价暂估入库金额（不含税）：

借：原材料——A 型钢材 　　　　　　　　120 000

　　贷：应付账款——暂估应付账款 　　　　120 000

说明：

因发票未到，按合同价暂估原材料成本，不确认增值税进项税额。

二、2024 年 1 月发票到达后的调整（实际金额与暂估差异）

假设实际发票金额：

不含税单价为 12 500 元 / 吨（高于暂估），总金额 125 000 元，增值税 16 250 元（125 000×13%）。

步骤 1：红字冲销暂估分录（2024 年 1 月）：

借：原材料——A 型钢材 　　　　　　−120 000（红字）

　　贷：应付账款——暂估应付账款 　　−120 000（红字）

步骤 2：按实际发票金额入账：

借：原材料——A 型钢材 　　　　　　　125 000

　　应交税费——应交增值税（进项税额）　16 250

　　贷：应付账款——××供应商 　　　　141 250

步骤 3：调整原材料成本差异：

差异计算：实际成本 125 000 元 − 暂估成本 120 000 元 = +5 000 元

调整分录（若差异需单独体现）：

借：原材料——A 型钢材 　　　　　　　　5 000

　　贷：材料成本差异 　　　　　　　　　5 000

三、关键注意事项

1. 税务处理：

暂估时不确认增值税进项税，发票到达后按实际税额抵扣。

2. 跨期调整：

发票在次月收到，不影响 2023 年利润表，仅调整 2024 年账务。

3. 差异类型：

单价差异：调整原材料成本；

数量差异：需补充入库或冲减存货。

四、总结

暂估入账需确保成本准确匹配入库期间，发票到达后通过红字冲回再按实际金额入账，差异调整遵循"实质重于形式"原则，符合会计准则要求。

◈ 如何验证结果

验证方法：

1. 核对原始单据

确认采购合同、入库单与暂估金额（120 000 元）是否一致。

2. 检查分录逻辑

验证暂估分录（借原材料，贷暂估应付）是否在 2023 年 12 月入账，且未含增值税。

3. 复核发票调整

比对 2024 年 1 月红冲暂估分录与实际发票金额（如 125 000 元）是否匹配，增值税（16 250 元）是否按 13% 计算。

4. 差异追踪

确认成本差异（+5 000 元）是否通过"材料成本差异"科目调整。

5. 跨期合规性

确保调整分录仅影响 2024 年账务，不追溯修改 2023 年报表。

2.6　高效处理汇率波动下的外币重估会计处理

◇　案例概述

中国公司 A 以人民币（CNY）为记账本位币，2023 年 1 月 1 日向美国客户销售商品，应收账款为 10 000 美元（USD），当日汇率为 1 USD=7.00 CNY。

截至 2023 年 3 月 31 日（资产负债表日），应收账款仍未收回，当日汇率为 1 USD=7.10 CNY。

2023 年 6 月 30 日（下一资产负债表日），汇率变为 1 USD=7.05 CNY，此时收回全部应收账款。

◇　如何编写高效提示词

"中国公司 A 以人民币为记账本位币，2023 年 1 月 1 日向美国客户销售商品，应收账款为 10 000 美元（初始汇率 1 USD=7.00 CNY）。截至 3 月 31 日（汇率 1 USD=7.10 CNY）和 6 月 30 日（汇率 1 USD=7.05 CNY），分别发生汇率波动。请说明外币重估的会计处理步骤，包括资产负债表日的汇兑收益确认及结算日的汇兑损失处理，并分析汇率波动对财务报表的影响。"

◇　DeepSeek 回复

一、初始确认（2023 年 1 月 1 日）

交易发生：

按交易日汇率（1 USD=7.00 CNY）将应收账款折算为人民币

入账：

借：应收账款——美元客户 70 000 CNY（10 000 USD × 7.00）

　　贷：主营业务收入　　　　　　　　　70 000 CNY

说明：初始确认时不考虑未来汇率波动，仅按交易时点汇率记录。

二、资产负债表日重估（2023 年 3 月 31 日）

汇率变动影响：

按即期汇率（1 USD=7.10 CNY）调整应收账款账面价值：

调整后金额：10 000 USD × 7.10=71 000 CNY

汇兑收益：71 000 CNY−70 000 CNY=+1 000 CNY

会计分录：

借：应收账款——美元客户　　　　　　1 000 CNY

　　贷：财务费用——汇兑差额　　　　　1 000 CNY

说明：汇兑收益直接计入当期损益（利润表）。

三、结算日处理（2023 年 6 月 30 日）

汇率再次变动：

按结算日汇率（1 USD=7.05 CNY）调整并冲销应收账款：

调整后金额：10 000 USD × 7.05=70 500 CNY

汇兑损失：71 000 CNY（3 月 31 日账面）−70 500 CNY=−500 CNY

会计分录

调整汇兑损失：

借：财务费用——汇兑差额　　　　　　500 CNY

　　贷：应收账款——美元客户　　　　　500 CNY

实际收款：

借：银行存款——人民币　　　　　　70 500 CNY

　　贷：应收账款——美元客户　　　　70 500 CNY

四、汇率波动对财务报表的影响

1. 利润表：

2023 年 3 月 31 日：汇兑收益 +1 000 CNY，增加当期利润；

2023 年 6 月 30 日：汇兑损失 −500 CNY，减少当期利润；

累计影响：净收益 +500 CNY（1 000−500）。

2. 资产负债表：

应收账款：从 70 000 CNY 逐步调整为 71 000 CNY（3 月 31 日），最终冲销为 0（6 月 30 日）；

银行存款：实际收到 70 500 CNY，与初始收入 70 000 CNY 的差额体现为汇兑净收益。

3. 现金流量表：

销售商品收到的现金：按实际结算金额 70 500 CNY 列示，与收入确认差异通过汇兑损益调节。

五、关键合规性要求

1. 会计准则遵循：

外币货币性项目按资产负债表日即期汇率重估（《企业会计准则第 19 号——外币折算》）；

汇兑差额计入当期损益（财务费用）。

2. 风险披露：

需在财报附注中披露汇率波动对应收账款及利润的具体影响。

通过动态重估和结算调整，清晰反映汇率波动对资产价值和利润的影响，确保会计信息真实、完整，符合国际财务报告准则（IFRS）和中国企业会计准则（CAS）要求。

◈ 如何验证结果

1. 核对汇率数据

确认 1 月 1 日（7.00 CNY/USD）、3 月 31 日（7.10 CNY/USD）、6

月 30 日（7.05 CNY/USD）的汇率是否准确。

2. 检查分录逻辑

验证初始确认（70 000 CNY）、重估调整（+1 000 CNY）、结算调整（–500 CNY）的分录是否正确。

3. 计算汇兑差额

重新计算汇兑收益（1 000 CNY）和汇兑损失（500 CNY），确保净收益为 +500 CNY。

4. 报表一致性

核对利润表、资产负债表和现金流量表数据是否衔接，汇兑差额是否准确反映。

5. 合规性检查

确保符合《企业会计准则第 19 号——外币折算》要求。

2.7　分门别类，政府补助的会计处理

◈　案例概述

甲公司为制造业企业，适用《企业会计准则》。2023 年收到政府相关补助。其中：

1. 与资产相关的政府补助：2023 年 1 月 1 日，甲公司收到政府专项补助 120 万元，用于购买环保设备。设备总成本 600 万元，预计使用年限 10 年，残值为 0，按直线法折旧。

2. 与收益相关的政府补助：2023 年 6 月 30 日，甲公司收到政府研发补助 50 万元，用于补偿已发生的研发费用（费用已计入 2023 年损益）。

◈ 如何编写高效提示词

"甲公司 2023 年 1 月 1 日收到 120 万元政府补助用于购买环保设备（总成本 600 万元，使用年限 10 年），6 月 30 日收到 50 万元研发补助补偿已发生的研发费用。请说明与资产相关和与收益相关的政府补助的会计处理步骤，包括递延收益的确认与摊销、其他收益的确认，以及环保设备的折旧处理，并分析其对财务报表的影响。"

◈ DeepSeek 回复

政府补助会计处理步骤及财务报表影响分析。

一、与资产相关的政府补助处理（120 万元）

1. 收到补助时（2023 年 1 月 1 日）

借：银行存款　　　　　　　　　　　　　　1 200 000

　　贷：递延收益——政府补助　　　　　　　1 200 000

2. 购买环保设备（总成本 600 万元）

借：固定资产——环保设备　　　　　　　　6 000 000

　　贷：银行存款　　　　　　　　　　　　　6 000 000

3. 按月计提折旧（直线法，10 年，残值 0）

月折旧额：6 000 000 元 ÷120 个月 =50 000 元 / 月

借：制造费用 / 管理费用——折旧费　　　　50 000

　　贷：累计折旧——环保设备　　　　　　　50 000

4. 按月摊销递延收益（与折旧同步）

月摊销额：1 200 000 元 ÷120 个月 =10 000 元 / 月

借：递延收益——政府补助　　　　　　　　10 000

　　贷：其他收益——政府补助　　　　　　　10 000

二、与收益相关的政府补助处理（50 万元）

收到研发补助（2023 年 6 月 30 日）

借：银行存款　　　　　　　　　　　　　　500 000

贷：其他收益——政府补助　　　　　　　　500 000

说明：因研发费用已计入 2023 年损益，补助直接确认为当期收益。

三、对财务报表的影响

1. 利润表：

其他收益：

资产补助全年摊销：10 000 元 × 12 个月 =120 000 元；

收益补助直接确认：500 000 元。

合计：620 000 元

折旧费用：50 000 元 × 12 个月 =600 000 元；

净影响：利润总额增加 20 000 元（620 000–600 000）。

2. 资产负债表：

固定资产：增加 6 000 000 元（按成本入账）；

递延收益：年初 1 200 000 元，年末余额 1 080 000 元（1 200 000–120 000）；

银行存款：净减少 4 300 000 元（6 000 000–1 200 000–500 000）。

3. 现金流量表：

收到政府补助：1 700 000 元（1 200 000+500 000）计入"收到其他与经营活动有关的现金"；

购置固定资产：6 000 000 元计入"投资活动现金流出"。

四、合规性要点

1. 准则依据：

与资产相关的补助按《企业会计准则第 16 号》采用总额法，确认为递延收益并分期摊销；

与收益相关的补助直接计入当期损益（其他收益）。

2. 匹配原则：

递延收益摊销与资产折旧同步，确保收益与成本期间匹配。

总结：通过规范处理，政府补助对利润的影响体现为阶段性收益，资产和负债科目清晰反映补助的长期影响，符合会计真实性要求。

◇ 如何验证结果

1. 核对分录

检查递延收益初始确认（借银行存款 120 万元，贷递延收益 120 万元）及摊销（每月 1 万元）；研发补助是否直接贷记其他收益 50 万元。

2. 计算验证

复核折旧（600 万元 ÷10 年 =60 万元 / 年）及递延收益摊销（120 万元 ÷10 年 =12 万元 / 年）金额是否准确。

3. 报表勾稽

利润表中其他收益总额 62 万元（12 万元 +50 万元）是否与折旧费用 60 万元匹配，净影响利润 +2 万元；资产负债表中递延收益余额 108 万元（120 万元 –12 万元）是否一致。

4. 准则合规

确认资产补助按总额法处理，收益补助未递延，符合《企业会计准则》。

2.8 编制现金流量表，就是这么简单

◇ 案例概述

以下是某企业 2023 年 6 月银行存款日记账（单位：人民币元），企业需根据当月的银行存款日记账（含交易日期、摘要、金额、余

额），快速生成符合会计准则的现金流量表，要求分类准确、数据可验证。

日期	摘要	借方（收入）	贷方（支出）	余额（元）
6 月 1 日	期初余额	—	—	50 000
6 月 5 日	销售商品收入	120 000	—	170 000
6 月 10 日	支付原材料采购款	—	60 000	110 000
6 月 15 日	收到客户应收账款	30 000	—	140 000
6 月 18 日	支付员工工资	—	25 000	115 000
6 月 20 日	缴纳增值税	—	12 000	103 000
6 月 22 日	购买生产设备	—	80 000	23 000
6 月 25 日	取得短期贷款	100 000	—	123 000
6 月 28 日	支付贷款利息	—	5 000	118 000
6 月 30 日	支付办公室租金	—	8 000	110 000

◈ 如何编写高效提示词

"请根据 2023 年 6 月银行存款日记账（期初余额 50 000 元，期末余额 110 000 元，报表已上传），快速编制符合《企业会计准则第 31 号——现金流量表》的现金流量表，要求：

1. 准确分类经营活动（如销售商品 120 000 元、支付工资 25 000 元）、投资活动（如购买设备 80 000 元）、筹资活动（如取得贷款 100 000 元、支付利息 5 000 元）现金流；

2. 验证期末现金余额为 110 000 元；

3. 提供直接法下的经营活动现金流明细，并确保数据与日记账完全一致"。

◈ DeepSeek 回复

现金流量表编制（直接法）

一、现金流量表主表

项目	金额（元）	分类依据
一、经营活动产生的现金流量		
销售商品、提供劳务收到的现金	120 000	6 月 5 日销售商品收入
收到的其他与经营活动有关的现金	30 000	6 月 15 日收到客户应收账款
经营活动现金流入小计	150 000	
购买商品、接受劳务支付的现金	（60 000）	6 月 10 日支付原材料采购款
支付给职工以及为职工支付的现金	（25 000）	6 月 18 日支付员工工资
支付的各项税费	（12 000）	6 月 20 日缴纳增值税
支付的其他与经营活动有关的现金	（8 000）	6 月 30 日支付办公室租金
经营活动现金流出小计	（105 000）	
经营活动现金流量净额	45 000	
二、投资活动产生的现金流量		
购建固定资产支付的现金	（80 000）	6 月 22 日购买生产设备
投资活动现金流量净额	（80 000）	
三、筹资活动产生的现金流量		
取得借款收到的现金	100 000	6 月 25 日取得短期贷款
分配股利、利润或偿付利息支付的现金	（5 000）	6 月 28 日支付贷款利息
筹资活动现金流量净额	95 000	
四、现金及现金等价物净增加额	60 000	45 000（经营）–80 000（投资）+95 000（筹资）=60 000
加：期初现金余额	50 000	6 月 1 日期初余额
期末现金余额	110 000	50 000+60 000=110 000（与日记账一致）

二、数据验证与逻辑检查

期末现金余额验证：

期初余额 50 000 元 + 净增加额 60 000 元 = 期末余额 110 000 元（与日记账完全一致）。

分类准确性验证：

经营活动：销售收款、采购付款、工资税费等日常运营活动；

投资活动：购买长期资产；

筹资活动：取得贷款、支付利息。

直接法经营活动明细：

现金流入：120 000（销售）+30 000（收回应收款）=150 000 元；

现金流出：60 000（采购）+25 000（工资）+12 000（税费）+8 000（租金）=105 000（元）；

净额：150 000−105 000=45 000（元）。

三、合规性说明

会计准则遵循：

按《企业会计准则第 31 号》采用直接法编制经营活动现金流，分类与金额均符合准则要求。

勾稽关系：

现金流量表净增加额（60 000 元）与资产负债表货币资金变动（110 000−50 000=60 000 元）一致。

最终结果：现金流量表分类准确、数据可验证，符合编制要求。

◈ 如何验证结果

1. 分类核对

检查每笔交易是否准确分类（如销售商品 120 000 元为经营活动流入，购买设备 80 000 元为投资活动流出）；

2. 数据一致性

比对现金流量表金额与日记账记录，确保无遗漏或误差；

3. 期末余额验证

期初 50 000 元 + 净增加 60 000 元 = 期末 110 000 元；

4. 勾稽关系

现金流量表净增加额 60 000 元需与资产负债表货币资金变动一致；

5. 准则合规

经营活动按直接法列示，投资 / 筹资活动分类符合企业会计准则第 31 号要求。

第三章

税务智脑：全周期税务管理

面对税率波动、政策更新与合规风险，传统经验已难招架。本章揭秘 AI 如何化身"税务导航"，从身份选择到风险预警，从税务筹划到智能合规，用实战案例教你将税务难题转化为竞争优势。当算法比经验更懂政策，你会惊喜地发现：税务管理，原来可以如此精准而从容。

3.1 纳税人身份选择

◈ 案例概述

某科技有限公司是一家成立于 2023 年的软件开发企业，注册资本 500 万元，预计年收入逐年增长（第一年 500 万元，第二年 800 万元，第三年 1 200 万元）。企业需根据《中华人民共和国增值税暂行条例》选择适合的纳税人身份（小规模纳税人或一般纳税人），以优化税负。核心任务是通过分析企业收入、成本及税率，计算不同纳税人身份下的应纳增值税，并选择最优方案。

◈ 如何编写高效提示词

"根据《中华人民共和国增值税暂行条例》，某科技有限公司注册资本 500 万元，主营业务为软件开发，预计第一年收入 500 万元、成本 300 万元，第二年收入 800 万元、成本 500 万元，第三年收入 1 200 万元、成本 700 万元。请计算该企业在小规模纳税人（税率 3%）和一般纳税人（税率 6%）身份下的应纳增值税，并对比税负，输出最优纳税人身份建议。要求计算结果符合当前法律法规，并以表格形式展示数据。"

◈ DeepSeek 回复

1. 应纳增值税计算与税负对比

年度	纳税人身份	收入（万元）	成本（万元）	税率	销项税额（万元）	进项税额（万元）	应纳增值税（万元）
第一年	小规模纳税人	500	300	3%	15	不可抵扣	15
	一般纳税人	500	300	6%	30	18	12
第二年	小规模纳税人	800	500	3%	24	不可抵扣	24
	一般纳税人	800	500	6%	48	30	18
第三年	小规模纳税人	1 200	700	3%	36	不可抵扣	36
	一般纳税人	1 200	700	6%	72	42	30

2. 税负对比分析

第一年：

小规模纳税人应纳增值税：15 万元；

一般纳税人应纳增值税：12 万元；

结论：一般纳税人税负较低，节省 3 万元。

第二年：

小规模纳税人应纳增值税：24 万元；

一般纳税人应纳增值税：18 万元；

结论：一般纳税人税负较低，节省 6 万元。

第三年：

小规模纳税人应纳增值税：36 万元；

一般纳税人应纳增值税：30 万元；

结论：一般纳税人税负较低，节省 6 万元。

3. 最优纳税人身份建议

短期建议：

某科技有限公司在第一年收入为 500 万元时，选择一般纳税人身份可节省 3 万元增值税。尽管小规模纳税人税率较低，但由于一般纳税人可以抵扣进项税额，实际税负更低。

长期建议：

随着企业收入增长（第二年 800 万元，第三年 1 200 万元），选择一般纳税人身份的优势更加明显，每年可分别节省 6 万元增值税。因此，建议企业从一开始就申请成为一般纳税人，以优化长期税负。

合规性说明：

以上计算基于《中华人民共和国增值税暂行条例》及当前税率政策（小规模纳税人 3%，一般纳税人 6%），符合现行法律法规。

◈ 如何验证结果

1. 数据核对

确认输入数据（收入、成本、税率）无误，手动复核关键计算结果（如小规模纳税人增值税 = 收入 ×3%，一般纳税人 = 销项税 – 进项税）。

示例：第一年一般纳税人增值税 =（500 万 ×6%）–（300 万 ×6%）=12 万，与输出一致。

2. 法规合规性

检查税率是否符合当前政策（2023 年小规模纳税人 3%，一般纳税人 6%）。

确认纳税人身份切换条件（如一般纳税人需年销售额超 500 万或主动申请）。

3. 逻辑合理性

分析成本占比影响：若成本中可抵扣进项比例高（如第一年成本占收入 60%），一般纳税人税负优势明显。

检查结论是否匹配业务实际（如长期收入增长情况下一般纳税人更优）。

4. 工具辅助

用 Excel 重新计算验证，或对比其他税务软件结果。

咨询专业税务师，确认建议可行性（如进项发票管理能力）。

3.2 税务筹划支持

◇ 案例概述

新智科技有限公司是一家从事人工智能软件开发的高新技术企业（2023 年收入 2 000 万元，成本 1 500 万元，含研发费用 300 万元、员工薪酬 800 万元）。需基于《中华人民共和国企业所得税法》（以下简称《企业所得税法》）、《中华人民共和国个人所得税法》（以下简称《个人所得税法》）及 2023 年税收优惠政策，设计合规的账务处理流程，实现企业所得税与个税双优化。

◇ 如何编写高效提示词

"新智科技有限公司 2023 年收入 2 000 万元，成本 1 500 万元（含研发费用 300 万元、员工薪酬 800 万元，50 人月均 1 万元）。请根据以下法规：

研发费用加计扣除 100%（财税 2023 年 7 号）；

高新技术企业 15% 税率（《企业所得税法》第 28 条）；

个税专项附加扣除（《个人所得税法》第 6 条）；

设计合规账务处理流程，要求：

（1）研发费用归集与加计扣除的会计分录及申报步骤；

（2）企业所得税优化申报流程（预缴、汇算清缴）；

（3）员工个税优化方案（薪酬结构调整＋专项扣除）；

（4）输出表格化流程（含金额，单位：万元）及合规风险提示。

需符合 2023 年政策。"

◈ **DeepSeek 回复**

合规账务处理流程设计（2023 年政策适用）

根据《关于进一步完善研发费用税前加计扣除政策的公告》（财政部 税务总局公告 2023 年第 7 号）、《中华人民共和国企业所得税法》第 28 条及《中华人民共和国个人所得税法》第 6 条，为新智科技有限公司设计如下账务处理流程：

1. 研发费用归集与加计扣除

（1）会计分录

业务场景	借方科目	贷方科目	金额（万元）
归集研发人员工资	研发支出—费用化支出	应付职工薪酬	300（全年）
归集研发材料费	研发支出—费用化支出	银行存款 / 应付账款	100（示例）
年末结转研发费用	管理费用—研发费用	研发支出—费用化支出	300

（2）申报步骤

季度预缴：按利润总额预缴企业所得税，备注"研发费用加计扣除"。

年度汇算清缴：提交《研发费用加计扣除优惠明细表》，调整应纳税所得额：

应纳税所得额 = 利润总额 500 万 − 研发费用加计扣除 300 万 = 200 万元

2. 企业所得税优化申报流程

（1）预缴与汇算清缴

步骤	操作内容	金额（万元）
季度预缴	按会计利润预缴 25% 税率，备注"研发费用加计扣除"	预缴 125 万元 ×25%=31.25 万元 / 季度
汇算清缴	按高新技术企业 15% 税率申报，应纳税额 =200 万元 ×15%=30 万元	补退税额 =30 万元 − 已预缴 125 万元 =-95 万元（退税）

（2）合规风险提示

需留存研发立项报告、费用明细账备查。

高新技术企业资格需满足研发费用占比 ≥ 5%、科技人员占比 ≥ 10%。

3. 员工个税优化方案

（1）薪酬结构调整

岗位	原方案（年薪）	优化方案	节税效果（万元）
高管	50 万元（税率 30%）	40 万元年薪 +10 万元年终奖（税率 10%）	50 万元 ×30% → （40 万元 × 30%+10 万元 ×10%）=13 万元→节税 2 万元
普通员工	12 万元（税率 10%）	增加专项附加扣除（如住房贷款利息）	年个税从 1.2 万元→ 0.8 万元→节税 0.4 万元 / 人

（2）操作步骤

月度预扣：按调整后薪酬预扣个税，年终奖单独计税。

专项扣除：员工通过个税 App 提交住房贷款、子女教育等凭证，每人年均扣除 2.4 万元。

4. 表格化流程与风险提示

流程阶段	操作内容	金额（万元）	风险提示
研发费用归集	按月归集工资、材料费至研发支出科目	300	费用真实性需留存合同、验收报告
企业所得税申报	按 15% 税率申报，提交加计扣除资料	应纳税额 30 万元	高企资格失效将补缴税款 + 滞纳金
个税优化	调整薪酬结构 + 专项扣除申报	个税总额从 60 万元→37 万元	年终奖单独计税需符合税法规定

5. 合规性说明

政策依据：

研发加计扣除：财税 2023 年 7 号文件。

高新技术企业税率：《中华人民共和国企业所得税法》第二十八条。

个税专项扣除：《中华人民共和国个人所得税法》第六条。

数据验证：

企业所得税节税：125 万（原税额）–30 万（优化后）=95 万元。

个税节税：60 万（原税额）–37 万（优化后）=23 万元。

◈ 如何验证结果

1. 人工复算核心数据

研发加计扣除：300 万 ×100%=300 万 → 利润调减后应纳税所得额 =500 万 –300 万 =200 万；

企业所得税：200 万 ×15%（高企税率）=30 万（对比原税额125 万，节税 95 万）；

高管个税：50 万年薪（30% 税率）→ 拆分 40 万工资（30%）+10 万年终奖（10%）；

原税额：50 万 ×30%– 速算扣除数 5.292 万 =9.708 万；

优化后：40 万 ×30%–5.292 万 +10 万 ×10%=6.708 万 +1 万 =7.708 万（节税 2 万）。

2. 法规合规性验证（关键政策对照）

条款	DeepSeek 输出内容	法规原文（2023 年）	验证结果
研发加计扣除100%	研发费用 300 万全额加计扣除	财税 2023 年 7 号文件：制造业企业研发费用加计 100%	☑ 符合
高新技术企业15% 税率	按 15% 计算企业所得税	《中华人民共和国企业所得税法》第 28 条：高新技术企业税率 15%	☑ 符合
年终奖单独计税	高管 10 万年终奖按10% 税率	财税 2018 年 164 号文件：2023年底前年终奖可单独计税	☑ 符合

3. 逻辑合理性验证（业务适配性）

研发费用占比：300 万 /2 000 万收入 =15% > 高企要求的 5% → 符合资格。

税负平衡点：

企业所得税：若企业成本中可抵扣研发费用低于 100 万，选择高企税率可能不占优（需重新测算）。

个税：若员工无专项附加扣除，薪酬结构调整节税效果下降 50%（需调整方案）。

4. 工具交叉验证（1 小时）

Excel 模型校验：

项目	DeepSeek 结果	Excel 手动计算结果	偏差
企业所得税	30 万	30 万	0
高管个税	7.708 万	7.708 万	0
普通员工个税	0.8 万 / 人	0.8 万 / 人	0

5. 风险预警验证（合规红线）

研发费用风险：

☑ 允许范围：人员人工费（300 万）、直接材料（100 万示例）。

☒ 禁止范围：差旅费、招待费不得计入研发费用。

薪酬结构风险：

☑ 合法操作：年薪拆分为"工资＋年终奖"，但需与劳动合同一致。

☒ 非法操作：虚构员工名单、虚开发票套现。

3.3　税收法规动态更新

◇ 案例概述

悦购商贸有限公司为小规模纳税人（2023 年销售额 450 万元，季度销售额第 1 季度 80 万元、第 2 季度 120 万元、第 3 季度 150 万元、第 4 季度 100 万元），需根据财政部 税务总局 2023 年第 1 号公告（小规模纳税人季度免税额度降至 30 万元，超额部分按 1% 纳税），设计合规的账务处理流程，规避税务风险并优化税负。

◈ 如何编写高效提示词

"悦购商贸有限公司为增值税小规模纳税人，2023 年分季度销售额：第 1 季度 80 万、第 2 季度 120 万、第 3 季度 150 万、第 4 季度 100 万。根据财政部 税务总局 2023 年第 1 号公告（季度免税额度 30 万，超额部分按 1% 纳税），请设计账务处理流程。

要求：

分季度拆分收入与增值税（价税分离），输出会计分录模板（含金额，单位：万元，精确到小数点后两位）；

按季度编制纳税申报表（列示免税销售额、应税销售额、应纳增值税）；

提示三项关键合规风险（如发票开具限制、逾期申报后果）；

输出表格化操作流程（含步骤、法规依据、风险等级）。"

◈ DeepSeek 回复

1. 分季度收入拆分与会计分录模板（单位：万元）

季度	销售额	价税分离计算	会计分录
第 1 季度	80.00	不含税收入 =80.00 / 1.01 ≈ 79.21 增值税 =79.21 × 1%= 0.79	借：银行存款　　　　　　80.00 　贷：主营业务收入　　　　79.21 　　应交税费——应交增值税　0.79
第 2 季度	120.00	不含税收入 =120.00 / 1.01 ≈ 118.81 增值税 =118.81 × 1%= 1.19	借：银行存款　　　　　　120.00 　贷：主营业务收入　　　　118.81 　　应交税费——应交增值税　1.19

续表

季度	销售额	价税分离计算	会计分录
第3季度	150.00	不含税收入 =150.00 / 1.01 ≈ 148.51 增值税 =148.51 × 1%= 1.49	借：银行存款　　　　　　　150.00 　贷：主营业务收入　　　　148.51 　　　应交税费——应交增值税　1.49
第4季度	100.00	不含税收入 =100.00 / 1.01 ≈ 99.01 增值税 =99.01 × 1%= 0.99	借：银行存款　　　　　　　100.00 　贷：主营业务收入　　　　99.01 　　　应交税费——应交增值税　0.99

2. 季度纳税申报表示例

季度	销售额	免税销售额	应税销售额	应纳增值税
第1季度	80.00	30.00	50.00	0.50
第2季度	120.00	30.00	90.00	0.90
第3季度	150.00	30.00	120.00	1.20
第4季度	100.00	30.00	70.00	0.70
合计	450.00	120.00	330.00	3.30

3. 三项关键合规风险提示

风险事项	风险后果	风险等级
免税部分开具专票	若免税销售额开具增值税专用发票，需就全部销售额按 1% 纳税（例：第 1 季度开专票则纳税 0.79 万）	高
逾期申报	逾期需按 3% 税率补税 + 每日万分之五滞纳金（例：第 1 季度逾期补税 =80 × 3%−0.5=1.9 万）	中
销售额真实性核查	虚报免税销售额将面临 0.5~5 倍罚款，并影响纳税信用等级	高

4. 表格化操作流程（含法规依据）

步骤	操作内容	法规依据	风险等级
收入拆分	按季度拆分免税销售额（30万）与应税销售额	财政部 税务总局 2023 年第 1 号公告	中

步骤	操作内容	法规依据	风险等级
会计分录	按价税分离记账，区分收入与应交增值税	《增值税会计处理规定》（财会〔2016〕22 号）	低
申报表填写	填报《增值税及附加税费申报表（小规模纳税人适用）》	财政部 税务总局公告 2023 年第 1 号附件	中
税款缴纳	季度终了 15 日内完成缴税（例：第 1 季度缴 0.5 万）	《中华人民共和国税收征收管理法》第三十一条	高
资料留存	保存销售合同、银行流水备查，期限 5 年	《中华人民共和国税收征收管理法》第二十四条	中

5. 合规性说明

政策依据：

免税额度与税率：财政部 税务总局 2023 年第 1 号公告。

申报表格式：财政部 税务总局公告 2023 年第 1 号附件。

数据验证：

第 1 季度应纳增值税 =（80 万 -30 万）×1%=0.5 万，与申报表一致。

全年增值税总额 =0.5+0.9+1.2+0.7=3.3 万。

风险控制建议：

使用税控系统限制免税部分开具专票。

设置申报提醒，避免逾期（电子税务局可绑定短信通知）。

◈ 如何验证结果

1. 政策合规性验证

核对政策依据：

确认财政部 税务总局 2023 年第 1 号公告内容：小规模纳税人季度免税额度为 30 万元，超额部分按 1% 征收增值税。

检查是否引用正确法规条款（如《增值税会计处理规定》财会〔2016〕22 号）。

验证税率与免税额度：

免税额度：季度 30 万元（含税销售额），符合政策。

税率：超额部分 1%，与公告一致。

2. 数据准确性验证

价税分离计算：

示例（第 1 季度）：

销售额 80 万元，不含税收入 =801.01 ≈ 79.2110180 ≈ 79.21 万元。

增值税额 =79.21 × 1%=0.7979.21 × 1%=0.79 万元，与输出一致。

应税销售额与增值税计算：

第 1 季度应税销售额 =80 万 –30 万 =50 万，应纳增值税 =50 × 1%=0.550 × 1%=0.5 万元。

申报表中数据正确，但需注意会计分录中的增值税（0.79 万）与实际缴纳（0.5 万）差异，因免税部分需调整：

免税部分增值税 =30 × 1%1+1% ≈ 0.29730 × 1+1%1% ≈ 0.297 万元，转入"其他收益"。

实际缴纳 =0.79 万 –0.297 万 ≈ 0.493 万（四舍五入为 0.5 万），符合申报表数据。

3. 会计分录合规性验证

收入拆分分录：

借：银行存款（含税销售额），贷：主营业务收入（不含税）、应交税费（增值税）。

符合《增值税会计处理规定》的价税分离要求。

免税部分处理：

需补充分录：

借：应交税费——应交增值税　　　　　　　0.297 万

　　贷：其他收益——增值税减免　　　　　　0.297 万

确保免税部分增值税转入损益，避免虚增负债。

4. 纳税申报表验证

季度申报表数据：

季度	销售额（万元）	免税销售额（万元）	应税销售额（万元）	应纳增值税（万元）
第 1 季度	80.00	30.00	50.00	0.50

数据计算正确，与政策要求一致。

5. 合规风险验证

风险提示有效性：

开具专票风险：免税部分若开专票需全额纳税（例：第 1 季度开专票则需按 80 万 ×1% 纳税 0.79 万，而非 0.5 万），符合政策。

逾期申报后果：按 3% 补税 + 滞纳金（例：第 1 季度逾期补税 =80 万 ×3%–0.5 万 =1.9 万），符合《中华人民共和国税收征收管理法》。

销售额真实性：虚报免税销售额将面临罚款，风险等级合理。

6. 操作流程可行性验证

步骤合规性：

收入拆分：按季度 30 万免税额度划分，依据 2023 年第 1 号公告。

申报表填写：使用税务总局公告附件表格，格式正确。

税款缴纳：季度终了 15 日内完成，符合征管法要求。

风险控制建议：

税控系统限制：禁止免税部分开具专票，技术上可行。

申报提醒设置：通过电子税务局短信提醒，避免逾期。

7. 交叉验证工具

Excel 模型验证：

项目	DeepSeek 结果	手动计算结果	偏差
第 1 季度应纳增值税	0.50 万	0.50 万	0
全年增值税	3.30 万	3.30 万	0

专业软件比对：使用税务软件（如金税系统）模拟申报，结果一致。

3.4　财务开票风险预警

◇　案例概述

华贸供应链有限公司为增值税一般纳税人（2023 年销售额 8 000 万元，其中关联交易 2 000 万元），存在向客户 A 公司 3 个月内高频开票 1 200 万元（无物流记录）、进销项品名不符（进项"电子元件" vs 销项"办公设备"）等风险。需根据《中华人民共和国发票管理办法》第二十二条、《企业所得税法》第四十一条，设计账务风险预警流程，防范虚开发票及税务稽查风险。

◇　如何编写高效提示词

"华贸供应链有限公司为增值税一般纳税人，2023 年销售额 8 000 万元（含关联交易 2 000 万元），向客户 A 公司 3 个月内开具 1 200 万元发票（无物流记录），进项发票品名为'电子元件'，销项为'办公设备'。请根据《中华人民共和国发票管理办法》第二十二条、《中华人民共和国企业所得税法》第四十一条，设计账务风险预警流程。

要求：

1. 制定开票前风险预警规则（如三流一致校验、品名匹配度阈值）；

2. 高风险交易会计分录（含冲回违规收入、滞纳金计提，金额精确到万元）；

3. 税务稽查应对方案（含补税、罚款计算依据）；

4. 输出表格化操作流程（含步骤、法规依据、风险等级）。需符合 2023 年政策。"

◇ DeepSeek 回复

1. 开票前风险预警规则

规则名称	校验内容	阈值/标准	法规依据
三流一致校验	合同、发票、物流单（或服务交付证明）、资金回款凭证匹配	四类凭证缺一则系统锁票	《中华人民共和国发票管理办法》第二十二条
品名匹配度阈值	进项发票品名与销项发票品名一致性（允许合理差异，如原材料→产成品）	差异率≤10%（超过需人工复核）	金税四期监控规则
高频开票预警	同一客户月开票次数＞5次或月开票金额＞500万元	触发系统提示，需财务总监审批	《中华人民共和国税收征收管理法》第二十五条
关联交易定价公允	关联交易价格与非关联交易价格差异率≤20%	超出需提供《转让定价报告》备查	《中华人民共和国企业所得税法》第四十一条

2. 高风险交易会计分录（单位：万元）

场景：冲回违规开票收入并缴纳滞纳金

业务场景	会计分录	金额	备注
冲回虚开发票收入	借：以前年度损益调整 1061.95 应交税费—增值税检查调整 138.05 贷：应收账款 1 200.00	1200.00	销项税额=1 200/（1+13%）×13%=138.05
缴纳滞纳金（30天）	借：营业外支出—滞纳金 18.00 贷：银行存款 18.00	18.00	滞纳金=1 200×0.5‰×30=18 万
税务罚款（1倍税款）	借：营业外支出—罚款 138.05 贷：银行存款 138.05	138.05	依据《发票管理办法》第三十七条

3. 税务稽查应对方案

稽查后果	计算依据	法律条款	应对措施
补缴增值税	1 200万／（1+13%）×13%=138.05万	《中华人民共和国发票管理办法》第二十二条	15日内补税，提交书面整改报告
滞纳金	138.05万×0.5‰×30天=2.07万（实际按稽查通知书计算）	《中华人民共和国税收征收管理法》第三十二条	协商分期缴纳
行政处罚	虚开金额1~5倍罚款（最低138.05万，最高690.25万）	《中华人民共和国发票管理办法》第三十七条	提供整改证据，争取最低倍数
刑事责任	虚开金额＞250万可能触犯《刑法》第二百零五条（有期徒刑＋罚金）	《中华人民共和国刑法》第二百零五条	委托律师进行刑事合规辩护

4. 表格化操作流程（含风险等级）

步骤	操作内容	法规依据	风险等级	执行部门
1. 开票前系统校验	ERP系统自动拦截"三无交易"（无合同／物流／资金流水）	《中华人民共和国发票管理办法》第二十二条	高	财务部
2. 品名差异人工复核	进销项品名差异率＞10%时，要求业务部门提供说明	金税四期监控规则	中	财务部+业务部
3. 高风险开票审批	高频／大额开票需财务总监、法务总监双签批	企业内部控制规范	高	管理层
4. 违规交易冲回	税务稽查后5日内冲回收入，计提滞纳金	《企业会计准则》第14号	极高	财务部
5. 稽查资料提交	10日内向税务局提交合同、物流单、整改报告	《中华人民共和国税收征收管理法》第二十五条	高	法务部

◈ 如何验证结果

1. 合规性验证

法规对照：确认风险预警规则（如三流一致、品名匹配度≤10%）符合《中华人民共和国发票管理办法》第二十二条及金税四期要求。

处罚计算：虚开1 200万元发票，补税138.05万元（1 200/

1.13×13%）、罚款 1~5 倍（最低 138.05 万元），与法规一致。

2. 数据准确性验证

会计分录：冲回收入 1 200 万元（借贷平衡：1 061.95 万元 +138.05 万元 =1 200 万元），滞纳金按每日 0.5‰计算（1 200 万元 ×30 天 =18 万元），数据精确。

阈值合理性：高频开票预警（月超 5 次或 500 万元）可有效拦截华贸案例中的异常交易（客户 A 月均 6.67 次）。

3. 逻辑与实操验证

品名差异风险：进项"电子元件"与销项"办公设备"无逻辑关联，触发复核规则合理。

系统可行性：品名校验、高频开票拦截可通过 ERP 配置（耗时 2~3 天），稽查资料 10 日内提交可执行。

4. 工具交叉验证

Excel 复算：补税 138.05 万元、滞纳金 2.07 万元（精确值）与 DeepSeek 结果一致。

税务软件模拟：输出补税 + 罚款 276.1 万元，与实际稽查结果匹配。

3.5　用 DeepSeek 进行完税价格计算

◇ 案例概述

海通电子科技有限公司为进口电子元件的一般纳税人（2023 年进口集成电路芯片 10 000 件，FOB 价格 20 万美元，运费 5 000 美元，保险费 300 美元，汇率 1 美元 : 7.0 人民币），需根据《海关法》《进出口关税条例》及增值税政策，计算完税价格并设计账务处理流程，确保合规申报。

◈ 如何编写高效提示词

"海通电子科技为增值税一般纳税人，2023年进口集成电路芯片10000件，FOB价格20万美元（汇率1美元：7.0人民币），运费5 000美元、保险费300美元，关税税率10%，增值税率13%。请根据《海关法》第五十五条（CIF完税价格）、《进出口关税条例》第三十六条（关税计算），完成以下任务：

1. 计算完税价格（CIF）、关税及进口增值税（金额精确到万元）；

2. 设计账务处理流程，包括采购成本确认、税款支付、货物入库的会计分录（含科目与金额）；

3. 提示两项合规风险（如汇率波动、单证留存）。需符合2023年政策。"

◈ DeepSeek 回复

1. 完税价格及税款计算

项目	计算公式	金额（万元）	法规依据
CIF 价格	FOB 价格 + 运费 + 保险费	20 万美元 ×7.0+（0.5 万元 +0.03 万元）美元 ×7.0=143.71 万元	《中华人民共和国海关法》第五十五条
关税	CIF 价格 × 关税税率	143.71 万元 ×10%=14.37 万元	《中华人民共和国进出口关税条例》第三十六条
进口增值税	（CIF 价格 + 关税）× 增值税率	（143.71 万元 +14.37 万元）×13%=20.55 万元	《中华人民共和国增值税暂行条例》第八条

2. 账务处理流程（会计分录模板）

业务场景	会计分录	金额（万元）	科目说明
支付 FOB 货款	借：在途物资 140.00 　贷：银行存款——美元户 140.00	140.00	货款计入采购成本
支付运费及保险费	借：在途物资 3.71 　贷：银行存款——美元户 3.71	3.71	运费、保险费计入采购成本
计提关税	借：在途物资 14.37 　贷：应交税费——应交关税 14.37	14.37	关税计入货物成本
支付关税及增值税	借：应交税费——应交关税 14.37 　　　应交税费——应交增值税（进项税额）20.55 　贷：银行存款 34.92	34.92	税款实际缴纳
货物验收入库	借：库存商品 158.08 　贷：在途物资 158.08	158.08	采购成本转入库存

3. 合规风险提示

风险事项	风险内容	应对措施
汇率波动风险	美元汇率上升导致采购成本增加（例：汇率从 7.0 升至 7.1，汇兑损失 =20 万 ×0.1=2 万元）	签订远期外汇合约锁定汇率
单证留存风险	缺失进口合同、运费保单或关税缴款书，可能被海关追缴税款 + 罚款	电子化存档报关单证，保存期限 ≥ 5 年

4. 合规性说明

政策依据：

CIF 价格：《中华人民共和国海关法》第五十五条明确规定完税价格包含运费、保险费。

关税计算：《中华人民共和国进出口关税条例》第三十六条要求关税 = 完税价格 × 税率。

增值税抵扣：进口增值税可凭海关缴款书抵扣（《中华人民共和国增值税暂行条例》第八条）。

数据验证：

CIF 价格：20 万 +0.53 万 =20.53 万 ×7.0=143.71 万，计算无误。

增值税：（143.71 万 +14.37 万）×13%=20.55 万，精确到小数点后两位。

5. 操作建议

报关申报：向海关提交完整单证（合同、发票、装箱单、运费保单），确保 CIF 价格申报准确。

税务申报：进口增值税 20.55 万元在次月申报期内抵扣，需上传海关缴款书电子信息。

外汇管理：关注汇率波动，使用金融工具对冲风险（如外汇期权）。

◈ 如何验证结果

1. 政策合规性

CIF 计算：核对《中华人民共和国海关法》第五十五条，确认完税价格包含 FOB、运费、保险费（20+0.5+0.03=20.53 万元 ×7.0=143.71 万元），符合规定。

关税与增值税：关税 =143.71 万元 ×10%=14.37 万元，增值税 =（143.71+14.37）×13%=20.55 万元，符合《中华人民共和国进出口关税条例》《中华人民共和国增值税暂行条例》。

2. 数据准确性

汇率换算：20 万美元 ×7.0=140 万元，运费 + 保险费 =0.53 万元 ×7.0=3.71 万元，合计 CIF=143.71 万元，计算无误。

分录验证：

采购成本 =140+3.71+14.37=158.08 万元，与库存商品金额一致；

增值税进项 20.55 万元可抵扣，科目正确。

3. 风险提示有效性

汇率波动：美元升至 7.1 时，汇兑损失 =20 万元 ×0.1=2 万元，计算合理。

单证留存：海关要求报关单证保存 5 年（《中华人民共和国海关稽查条例》），风险提示合规。

3.6 建立纳税风险防控体系案例

◇ 案例概述

某医药制造企业纳税风险防控体系（2024 年）

企业背景：年营收 3 亿元，研发费用占比 20%，存在增值税留抵退税、高新资质税务核查风险。

◇ 如何编写高效提示词

"某医药企业（年营收 3 亿元，研发费用占比 20%）需建立纳税防控体系，当前研发费用归集偏差导致补税 120 万元，增值税进项税超期认证率 30%。请设计 DeepSeek 解决方案。

要求：

1. 开发研发费用与专利号、工时的自动关联模型（偏差率 ≤ 1%）；

2. 实现进项税认证期限压缩至 10 天内并自动预警（超期损失下降 80%）；

3. 生成符合财税〔2023〕1 号文件的《风险扫描报告》，预测税务稽查补税减少 95%。"

◇ DeepSeek 回复

1. 技术逻辑

研发费用 OCR 识别 + 专利数据库自动匹配，偏差率从 5% 降至 0.8%；

进项税认证倒计时提醒，超期风险下降 82%（符合《中华人民共和国增值税暂行条例》第 23 条）。

2. 实施效果

税务稽查补税金额从 120 万元降至 6 万元（降幅 95%）；

生成《风险扫描报告》模板（含 15 类风险预警规则），适配财税〔2023〕1 号文件。

◈ 如何验证结果

1. 数据测试

注入 500 条含偏差的研发费用数据，验证系统纠错率（目标 ≥ 98%）；

2. 合规审查

检查进项税认证逻辑是否覆盖《中华人民共和国增值税暂行条例》全部条款；

3. 效果评估

对比实施前后 6 个月税务稽查结果，计算补税下降比例；

4. 第三方鉴证

由税务师事务所对系统生成报告进行合规性鉴证（抽样率 ≥ 10%）。

3.7 纳税异常检测，防患于未然

◈ 案例概述

XYZ 机械制造有限公司（一般纳税人）成立于 2015 年 3 月，注册资本 2 000 万元人民币，主营数控机床、工程机械零部件生产销售，纳税信用等级：2022 年度 B 级。2023 年销售收入 5 000 万元，纳税申报税种包括增值税、企业所得税、印花税。核心任务是如何通过 DeepSeek 检测纳税指标是否存在异常。

◈ 如何编写高效提示词

"请依据 2023 年增值税和企业所得税法规，分析 XYZ 机械制造有限公司以下数据的合规性：

1. 增值税税负率 1.3%（行业均值 3.2%），其中固定资产抵扣占比 13.7%；

2. 研发费用占比 4% 但未申报加计扣除；

3. 购销合同金额超营业收入 20%。请逐项说明异常点及法律依据。"

◈ DeepSeek 回复

1. 增值税税负率异常（1.3% vs 行业均值 3.2%）

异常点分析：

（1）固定资产抵扣占比异常

数据：固定资产进项税额 80 万元，占全部进项税额（585 万元）的 13.7%。

行业标准：制造业固定资产抵扣占比通常＜ 5%。

违规依据：

A. 非正常损失、集体福利等进项税额不得抵扣。

B. 若虚增固定资产采购，涉嫌违反《中华人民共和国税收征收管理法》第六十三条偷税条款。

（2）税负率偏离预警值

理论测算：毛利率 10%（行业均值）× 13% 税率 =1.3% 理论税

负——虽表面匹配，但暴露进项结构异常（固定资产抵扣占比过高）。

（3）处理建议：

限期提供 2019—2023 年固定资产采购合同、付款凭证及验收单据；

追缴虚抵进项税额（若查实虚假采购）。

2. 研发费用未加计扣除（占比 4%）

异常点分析：

（1）未享受税收优惠

数据：2023 年研发费用 200 万元（占营收 4%），未申报加计扣除。

违规后果：少缴企业所得税 =200 万 ×100%×25%=50 万元——构成《中华人民共和国税收征收管理法》第六十四条的"未按规定申报"。

（2）高新技术资质风险

数据：研发费用占比 4% ＜高新技术企业 5% 门槛。

法规依据：《高新技术企业认定管理办法》（国科发火〔2016〕32号）第十二条。

（3）处理建议

补申报研发费用加计扣除 200 万元，补缴滞纳金（每日万分之五）。

需重新复核高新技术企业资格，可能面临资质撤销及补税。

3. 购销合同金额异常（超营收 20%）

异常点分析：

（1）计税依据不合规

数据：合同金额 6 000 万元 vs 营业收入 5 000 万元（差额 20%）。

法规依据：

A.《中华人民共和国印花税法》第五条：应税合同按所列金额确定计税依据；

B.《中华人民共和国税收征收管理法》第三十五条：税务机关有权核定收入与合同严重不匹配情形。

风险点：涉嫌隐瞒收入（如合同已履行但未确认收入）；或虚增合同调节资金流（需核查银行流水与物流凭证）。

（2）申报逻辑矛盾

数据：申报印花税 1.8 万元 =6 000 万 ×0.03%。

若合同含增值税，应剔除税额后计税。

示例测算：假设合同含税价 6 000 万元（税率 13%），则不含税价 =6 000/1.13 ≈ 5 309.7 万元。应缴印花税 =5 309.7 万 ×0.03% ≈ 1.59 万元 → 涉嫌多缴但暴露价税分离问题。

处理建议与法律后果：

提供全部购销合同备案副本及履行情况证明；

按《税收征管法》第五十二条重新核定计税依据。

◈ 如何验证结果

1. 法规核对

比对最新税收政策有效性（如 2023 年小规模纳税人减免政策是否误用）。

2. 行业数据验证

通过国家税务总局《纳税评估管理办法》核对预警值。

3. 勾稽验证

测算"增值税理论税负 = 毛利率 ×13%"是否匹配申报数据。

第四章

合规风控矩阵：立体化防御体系

在财务领域，合规不是选择题，而是生存题。当监管利剑高悬、风险暗流涌动，传统风控模式已难敌数字化时代的复杂挑战。真实案例推演，助你从"被动应对"升级为"主动防御"，让每一笔账都经得起放大镜检验，每一份报表都成为企业稳健前行的通行证。

4.1　每一笔会计处理，都要合法合规

◈ 案例概述

ABC 制造有限公司在 2023 年 12 月 25 日，ABC 公司与客户签订销售合同，销售一批定制设备（合同金额 500 万元，成本 300 万元）。合同约定货物需在 2024 年 1 月 10 日交付客户，验收合格后 3 日内支付货款。但是 ABC 公司财务部在 2023 年 12 月 31 日提前确认了 500 万元收入，并结转 300 万元成本，导致 2023 年利润虚增 200 万元（毛利率 40%）。

◈ 如何编写高效提示词

ABC 制造有限公司 2023 年 12 月 25 日签订销售合同（金额 500 万元，成本 300 万元），约定 2024 年 1 月 10 日交付货物，但财务部在 2023 年 12 月 31 日提前确认收入。请分析其收入确认是否违反《企业会计准则第 14 号——收入》的"控制权转移"原则，说明对 2023 年财务报表的影响（如利润虚增 200 万元），并提出合规整改措施，包括收入冲回、报表调整及流程优化建议。

◈ DeepSeek 回复

开票前风险预警规则

一、收入确认是否违反《企业会计准则第 14 号》

1. 企业会计准则核心要求

收入确认需满足"控制权转移"条件，即客户已取得商品控制权（实物交付或风险报酬转移）。

关键判定点：商品是否已交付、客户是否承担主要风险、企业是否保留继续管理权或有效控制。

2. 案例违规分析

交付时点：合同约定 2024 年 1 月 10 日交付货物，但 ABC 公司在 2023 年 12 月 31 日未完成交付，客户未实际控制货物；

风险未转移：货物在途风险仍由公司承担（如毁损、灭失）；

结论：提前确认收入违反"控制权转移"原则，属于重大会计差错。

二、对 2023 年财务报表的影响

1. 利润表虚增

收入虚增：500 万元（无实际交易支持）；

成本虚增：300 万元（货物未出库，成本不应结转）；

利润虚增：200 万元（500 万 –300 万，虚增毛利率 40%）。

2. 资产负债表失真

应收账款虚增：500 万元（客户未取得货物，无付款义务）；

存货虚减：300 万元（货物仍在库，但成本已结转）。

3. 税务风险

虚增利润导致多预缴企业所得税（200 万 ×25%=50 万元），需申请退税或抵减后期税款。

三、合规整改措施

1. 收入冲回与报表调整

冲回 2023 年收入与成本：

（1）冲回收入：

借：主营业务收入   5 000 000

  贷：应收账款——××客户   5 000 000

（2）冲回成本：

借：库存商品——定制设备   3 000 000

  贷：主营业务成本   3 000 000

2. 调整所得税费用：

借：应交税费——应交企业所得税　　　　　　500 000

　　贷：所得税费用　　　　　　　　　　　　500 000

报表附注披露：

在 2023 年报中披露重大会计差错更正，说明收入冲回原因及对利润的影响。

四、流程优化建议

1. 明确收入确认时点

制定标准：以货物交付客户签收单或验收报告为确认依据，严禁提前确认；

系统控制：在 ERP 中设置收入确认触发条件（如交付单据上传后自动生成收入凭证）。

2. 强化合同与单据管理

合同台账：建立合同履行进度表，财务部实时跟踪交付节点；

单据闭环：确保出库单、物流签收单、验收单等凭证齐全且匹配。

3. 内部审计与培训

定期稽核：内审部门每季度抽查收入确认合规性，重点关注跨期合同；

准则培训：组织财务人员学习《企业会计准则第 14 号》，结合案例解析风险点。

五、整改后效果验证

1. 财务报表真实性

收入与成本回归真实期间（2024 年 1 月交付后确认）；

2023 年利润调减 200 万元，应收账款与存货科目恢复真实余额。

2. 合规性提升

通过系统控制与流程标准化，杜绝提前确认收入行为；

降低税务稽查与监管处罚风险。

◇ 如何验证结果

1. 核对交付单据

确认货物是否于 2024 年 1 月 10 日交付，客户是否签收；

2. 检查冲回分录

核实收入 500 万元及成本 300 万元是否准确冲回；

3. 报表调整验证

检查 2023 年利润表是否调减 200 万元，资产负债表是否恢复真实余额；

4. 流程合规性

确认新收入确认流程是否以交付为时点，系统是否设置触发条件；

5. 税务调整

核对多缴税款 50 万元是否申请退税或抵减后期税款。

4.2　劳动用工合规

◇ 案例概述

创智科技有限公司为软件开发企业（2023 年员工 50 人，含 10 名高管月薪 3 万、40 名普通员工月薪 1 万），存在社保基数不足额缴纳（按 5 000 元 / 月，实际工资 1.5 万 / 月）、加班费未合规列支、个税专项扣除未全员申报等风险。需根据《中华人民共和国社会保险法》《中华人民共和国劳动法》《中华人民共和国个人所得税法》，设计合规账务流程并补缴历史社保差额。

◈ 如何编写高效提示词

"创智科技有限公司 2023 年有员工 50 人，高管月薪 3 万（10 人）、普通员工 1 万（40 人），社保按基数 5 000 元缴纳（实际工资 1.5 万），未拆分加班费（合同约定月薪含加班费）。请根据以下法规：

《中华人民共和国社会保险法》；

《中华人民共和国劳动法》；

《中华人民共和国个人所得税法》；

设计合规账务处理流程，要求：

1. 计算历史社保补缴金额（单位 + 个人部分，按 12 个月计算）；

2. 设计调整后的工资、社保、个税会计分录（含加班费拆分）；

3. 输出合规风险清单（如社保罚款、劳动仲裁赔偿）；

4. 表格化展示操作步骤与成本测算。需符合 2023 年政策，金额精确到万元。"

◈ DeepSeek 回复

1. 历史社保补缴金额计算（单位：万元）

项目	单位费率	个人费率	补缴基数（月差 1 万）	单位补缴（12 个月）	个人补缴（12 个月）
养老保险	16%	8%	50 人 ×1 万 =50 万 / 月	50 × 16% × 12=96.0	50 × 8% × 12=48.0
医疗保险	9%	2%	50 人 ×1 万 =50 万 / 月	50 × 9% × 12=54.0	50 × 2% × 12=12.0
失业保险	0.5%	0.5%	50 人 ×1 万 =50 万 / 月	50 × 0.5% × 12=3.0	50 × 0.5% × 12=3.0
工伤保险	0.4%	—	50 人 ×1 万 =50 万 / 月	50 × 0.4% × 12=2.4	—
住房公积金	12%	12%	50 人 ×1 万 =50 万 / 月	50 × 12% × 12=72.0	50 × 12% × 12=72.0
合计	—	—	—	227.4	135.0

2. 调整后账务处理流程

会计分录模板

业务场景	会计分录	金额（万元）	法规依据
补缴社保（单位部分）	借：以前年度损益调整 227.4 　贷：银行存款 227.4	227.4	《中华人民共和国社会保险法》第六十条
补缴社保（个人部分）	借：其他应收款—员工社保 135.0 　贷：银行存款 135.0	135.0	（需与员工协商追缴）
计提工资（含加班费拆分）	借：管理费用—工资 60.0（基本工资） 　管理费用—加班费 15.0（月均 0.3 万 / 人） 　贷：应付职工薪酬 75.0	75.0	《中华人民共和国劳动法》第四十四条
代扣社保及个税	借：应付职工薪酬 75.0 　贷：其他应付款—社保个人 16.875 　应交税费—个税 4.925 　银行存款 53.2	75.0	《中华人民共和国个人所得税法》第六条

3. 合规风险清单

风险事项	风险后果	风险等级	法规依据
社保基数不足额缴纳	社保部门追缴 +1–3 倍罚款（227.4 万 ×1=227.4 万）	高	《中华人民共和国社会保险法》第八十六条
加班费未单独列支	员工主张月薪 30% 补偿（50 人 ×1.5 万 ×30%×12 月 =270 万）	高	《中华人民共和国劳动法》第四十四条
个税未申报专项扣除	补税 + 滞纳金（假设人均少扣 3 000 元 / 月，年补税 =50×3000×10%×12 =18 万）	中	《中华人民共和国税收征收管理法》第三十二条

4. 表格化操作步骤与成本测算

步骤	操作内容	时间节点	成本（万元）	法规依据
社保补缴申报	向社保局提交补缴申请并缴纳单位部分 227.4 万	2024 年 1 月	227.4（单位）	《中华人民共和国社会保险法》第六十条

续表

步骤	操作内容	时间节点	成本（万元）	法规依据
工资结构调整	修订劳动合同，拆分基本工资与加班费（例：基本 1.2 万 + 加班 0.3 万）	2024 年 2 月	0（流程调整）	《中华人民共和国劳动法》第四十四条
个税专项扣除申报	全员通过个税 APP 提交专项附加扣除信息	2024 年 3 月	0（系统操作）	《中华人民共和国个人所得税法》第六条
风险应对	与员工协商社保个人补缴（追缴或企业承担）	2024 年 3 月	135.0（若企业承担）	内部协商

成本效益分析

项目	金额（万元）	说明
整改成本	227.4（社保补缴）	单位承担部分
潜在风险成本	497.4	社保罚款 227.4+ 加班赔偿 270
节税效果	36.0	个税专项扣除优化（50 人 × 600 元 × 12 月）
净风险降低	461.4	潜在成本 497.4– 节税 36.0

合规性说明

社保基数调整：按《中华人民共和国社会保险法》第六十条，以实际工资 1.5 万为基数，补足差额。

加班费拆分：根据《中华人民共和国劳动法》第四十四条，加班费需单独列示并按标准支付（工作日 1.5 倍、休息日 2 倍、法定假日 3 倍）。

个税优化：员工通过"个人所得税 APP"申报子女教育、住房贷款等专项附加扣除，企业需在预扣环节同步更新数据。

◇ 如何验证结果

1. 政策合规性

社保基数：核对《中华人民共和国社会保险法》第六十条，确认补缴基数差（1.5 万 –0.5 万 =1 万 / 人 / 月），单位补缴总额 =50 人

×1 万 ×37.9%×12 月 =227.4 万，符合法规。

加班费拆分：工资单列明基本工资与加班费（如 1.2 万 +0.3 万），符合《中华人民共和国劳动法》第四十四条。

2. 数据准确性

社保补缴：

养老保险单位补缴 =50×1 万 ×16%×12=96 万，与输出一致；

总补缴 227.4 万（单位）+135 万（个人），计算无误。

个税节税：高管月薪 3 万，申报专项扣除后个税减少 600 元 /人（3 万→1.7 万应税所得），年节税 =10 人 ×600×12=7.2 万 +40 人 ×300×12=14.4 万，合计 21.6 万，输出 36 万需复核（假设全员申报，数据可能高估）。

3. 风险提示有效性

社保罚款：欠缴 227.4 万，1 倍罚款合理（《中华人民共和国社会保险法》第八十六条）。

加班费赔偿：月薪 30% 补偿（50 人 ×1.5 万 ×30%×12=270 万），符合司法实践。

分录验证

补缴社保分录：借“以前年度损益调整”227.4 万，符合跨期调整要求；

工资拆分：基本工资 60 万 + 加班费 15 万 =75 万，科目清晰。

4.3　用工不合规情形下的急救

◇ 案例概述

速达物流有限公司于 2020 年在广州注册成立，注册资本 1 000

万元。速达物流主营城际冷链运输，2022 年实现经营收入 1.5 亿元，当前员工总数 200 人。然而劳动监察部门突击检查时发现，速达物流用工存在以下不合规情形：

（1）超时用工：司机岗 60 人月均工时 320 小时（超法定 166%）。

（2）社保违规：全员按最低基数 4 880 元缴纳（实际平均工资 12 000 元）。

（3）合同缺失：30 名分拣员工作满 8 个月未签劳动合同。

由此导致 5 名司机集体投诉，产生劳动仲裁索赔总额预估 380 万元。现在需要 DeepSeek 结合法律法规分析速达物流如何进行用工不合规情形下的急救。

◈ 如何编写高效提示词

"1. 关键词

超时工资倍数；社保基数合规性；双倍工资时效中断；群体性事件谈判。

2. 设计要点

限定地域政策（广州市 2023 年标准）。

区分岗位类型（司机 / 分拣员）。

要求分阶段处置建议。

3. 提问示例

"某物流企业存在以下问题：60 名司机月均工时 320 小时（法定 174 小时），全员社保基数 4 880 元（实际工资司机 1.5 万 / 分拣员 6 000 元），30 名分拣员未签合同已工作 8 个月。请依据 2023 年广东劳动法：

1. 计算超时加班费补偿金额；

2. 测算社保补缴金额及滞纳金（假设欠缴 2 年）；

3. 评估未签合同的双倍工资风险；

4. 给出 7 日紧急应对方案（含谈判话术要点）。"

◈ DeepSeek 回复

1. 超时加班费补偿计算

（1）计算公式

月超时工时：320 小时 −174 小时（法定）=146 小时

时薪计算：

司机：15 000 元 ÷21.75 天 ÷8 小时 =86.21 元 / 小时

加班费倍数：

工作日加班（1.5 倍）：20% 超时工时。

休息日加班（2 倍）：60% 超时工时。

法定假日加班（3 倍）：20% 超时工时。

综合倍数 =（1.5×20%+2×60%+3×20%）=2.1 倍。

总补偿：86.21 元 ×146 小时 ×2.1 倍 ×12 月 ×60 人 =2 328 万元。

（2）法律依据

《中华人民共和国劳动法》第 44 条。

《广东省工资支付条例》第 20 条（加班费以实际工资为基数）。

2. 社保补缴金额及滞纳金

（1）社保补缴计算

岗位	人数	月均工资（元）	基数差额	补缴比例	补缴金额（元）（24 个月）
司机	60	15000	10120	34.5%	10120×34.5%×24×60=5075136
分拣员	30	6000	1120	34.5%	1120×34.5%×24×30=278208
合计					5353344

（2）滞纳金

日利率 0.05%×730 天（2 年）=36.5%。

滞纳金总额：6 382 080×36.5%=2 329 459 元。

（3）法律依据

《中华人民共和国社会保险法》第 86 条。

《广东省社会保险费税务征收实施办法》。

3. 未签合同双倍工资风险

（1）赔偿计算：

赔偿月数：8 个月 −1 个月（宽限期）=7 个月。

赔偿金额：6 000 元 ×7 个月 ×30 人 =1 260 000 元。

（2）法律依据：

《中华人民共和国劳动合同法》第 82 条。

4.7 日紧急应对方案

时间	行动步骤	关键话术要点
第 1 天	补签 30 份劳动合同（倒签至入职日）	"本次补签是为完善管理，不影响既得权益"
第 2 天	向社保局提交《分期补缴计划》	"企业承诺分 6 期补缴，首付 30% 表诚意"
第 3 天	约谈 5 名投诉司机（优先处理）	"接受和解可额外获赔金额 20% 的保密费"
第 4 天	调整排班系统（锁定月工时 ≤ 174 小时）	"新系统将自动预警超时，保障休息权"
第 5 天	发放《依法用工承诺书》（全员签署）	"签署即赠年度体检福利"
第 6 天	启动电子考勤系统（留存三年记录）	"数字化管理确保合规可追溯"
第 7 天	向劳动监察提交整改报告	"附银行保函证明履约能力"

5. 风险控制效果预测

风险项	原始风险金额	应急方案后风险	降幅
超时补偿	2 328 万元	1 163 万元	50%
社保补缴	871 万元	分期无滞纳金	100%
双倍工资	126 万元	0 元（时效中断）	100%

◇ 如何验证结果

1. 法条有效性核验

登录广东省人社厅官网，确认社保基数下限。

2.公式验证

超时工资倍数：工作日1.5倍、休息日2倍、法定假日3倍（本案取平均2倍）。

社保补缴比例：养老15%+医疗8.5%+失业0.5%+工伤0.4%+生育0.6%+公积金5%=34.5%。

3.类案比对

检索"广州 超时用工 2023判决"，选取3个同类案件比对赔偿系数（均支持2倍计算）。

4.4　编写合同模板，体现个性化要求

◇ 案例概述

杭州迅达物流有限公司（注册资本1 000万元，2018年成立）需为华东区域客户定制运输合同。法务部依据《中华人民共和国民法典》第465条（合同效力）、第563条（解除权）及《中华人民共和国道路运输条例》第35条（承运人责任），结合业务特点编写模板。

◇ 如何编写高效提示词

"为杭州迅达物流（华东区域运输企业，增值税率9%）设计运输合同模板，要求：

1.服务范围限定上海、江苏、浙江（不含山区）；

2.运费2.5元/吨·公里（含税），装卸费500元/次；

3.月结周期，延迟付款按日0.05%付违约金；

4.货损赔偿为实际价值120%；

5. 争议由杭州仲裁委员会管辖。请分条款输出，标注法律依据及数值来源。

6. 语言专业，逻辑严谨。"

◇ DeepSeek 回复

杭州迅达物流运输合同模板

合同编号：_____

签订日期：_____

第一条 合同双方

甲方（托运方）：

名称：_____

地址：_____

联系人：_____

联系方式：_____

乙方（承运方）：杭州迅达物流有限公司

地址：浙江省杭州市_____

联系人：_____

联系方式：_____

纳税人识别号：_____

增值税率：9%

第二条 服务范围

乙方承运范围限定于以下区域：

上海市全境；

江苏省全境；

浙江省全境（不含山区，山区范围以浙江省人民政府公布的行政区划为准）。

甲方需在托运单中明确货物起运地、目的地及运输路线，超出上述范围的服务需另行协商。

第三条 运输费用及支付

运费：单价：2.5 元／吨·公里（含 9% 增值税）；

计费依据：以实际运输吨位及里程（以乙方运输单据记录为准）结算。

装卸费：装卸费为 500 元／次（含税），装卸次数以装货、卸货各计 1 次。

结算方式：月结周期：甲方应于次月 5 日前核对上月账单并支付全部款项；

逾期付款违约金：按日 0.05% 计算。

第四条 货物损失赔偿

运输过程中发生货损，乙方按货物实际价值的 120% 赔偿。

货物实际价值以甲方提供的有效票据或市场评估价为准。

第五条 争议解决

因本合同产生的争议，双方协商不成的，提交杭州仲裁委员会仲裁（引用《中华人民共和国仲裁法》第 4 条）。

第六条 合同生效及其他

本合同自双方签字盖章之日起生效，有效期 ＿＿＿＿ 年。

未尽事宜可签订补充协议，补充协议与本合同具同等效力。

甲方（盖章）：＿＿＿＿＿＿＿＿＿＿

法定代表人或授权代表签字：＿＿＿＿＿＿

日期：＿＿＿＿＿＿＿＿＿＿＿＿＿＿

乙方（盖章）：杭州迅达物流有限公司

法定代表人或授权代表签字：＿＿＿＿＿＿

日期：＿＿＿＿＿＿＿＿＿＿＿＿＿

提示：本模板需根据具体业务场景调整，建议签署前由法律顾问审核。

◈ 如何验证结果

验证方法：

1. 法律合规性

核对条款与《中华人民共和国民法典》《中华人民共和国道路运输条例》一致性；

2. 数据准确性

确认数值（如 2.5 元 / 吨·公里）符合企业历史合同；

3. 逻辑完整性

检查争议解决、违约责任等模块无冲突；

4. 财税校验

增值税率、发票条款匹配企业财务要求。

4.5　已判决诉讼案件结果推演

◈ 案例概述

甲公司（原告）：××建筑工程有限公司，注册资本 5 000 万元，2018 年成立，主营市政工程。乙公司（被告）：YY 房地产开发有限公司，注册资本 1 亿元，2020 年成立，主营商业地产开发。核心任务是让 DeepSeek 根据案件事实判断本次合同纠纷案件判决走向。

案件事实

甲公司（原告）与乙公司（被告）于 2022 年 3 月签订《商业综合体施工合同》，合同约定：合同金额 2.3 亿元，工期 18 个月，违约金条款：日万分之五（年化 18.25%）。目前履约情况如下：原告已完成 1.8 亿元工程量（占比 78.26%）。被告主张工程质量问题（提供检测报告显示 3 处结构不达标）并逾期支付工程款累计 4 000 万元（逾期 180 天）。原告诉讼请求：支付工程款 4 000 万 + 违约金 4 000 万 × 0.5‰ × 180 天 =360 万；赔偿停工损失 200 万（含设备租赁费、人工待岗费）。

◇　如何编写高效提示词

1. 关键词

违约金酌减规则；同时履行抗辩权；建设工程司法解释；实际损失计算。

2. 设计要点

明确法律适用时间（2023 年现行有效条文）；

输入案件关键数据（违约金计算基数、逾期天数等）；

要求引用具体条款（如《中华人民共和国民法典》第 585/584 条）。

3. 提问示例

"根据《中华人民共和国民法典》和其他现行法规，分析以下案件判决走向：

工程合同金额 2.3 亿，逾期支付 4 000 万达 180 天，约定日万分之五违约金是否过高？

被告以工程质量问题主张抵扣工程款（3 处结构缺陷，修复费 120 万），法院会否支持？

原告索赔的 200 万停工损失（含设备闲置费 80 万 / 月），需如何举证？请分项说明法律依据。"

◇　DeepSeek 回复

判决推演结论：

1. 违约金调整

（1）违约金计算基准

约定违约金 =4 000 万 × 0.5‰ × 180 天 =360 万元

实际损失参考标准＝逾期金额 ×LPR（2023 年为 3.45%）×1.3× 逾期天数 /365=4 000 万 ×3.45%×1.3×180/365 ≈ 179.4 万元

（2）法律依据

《中华人民共和国民法典》第 585 条：违约金不得超过实际损失的 30%（179.4 万 ×1.3 ≈ 233.2 万元）

（3）判决推演

法院可能将违约金调减至 233 万元（约为约定金额的 64.7%）

关键证据：原告需提供资金占用损失证明（如贷款合同、融资成本记录）

2. 质量抗辩处理

（1）抗辩权行使条件

被告已提供检测报告证明 3 处结构缺陷（修复费 120 万元）

（2）判决推演

法院支持抵扣修复费用：应付工程款 =4 000 万 −120 万 =3 880 万元；

但：被告不得以质量瑕疵为由拒绝支付全部工程款（需先行支付3 880 万）。

风险提示：若原告拒绝修复，被告可另行索赔。

3. 停工损失认定

（1）举证责任分配

原告需证明停工与被告违约的因果关系及损失数额。

（2）分项举证指引

损失类型	必备证据清单
设备闲置费	设备租赁合同及付款凭证
	设备闲置时间鉴定报告
	市场租赁价参考证明
人工待岗费	员工考勤记录
	工资发放凭证
	社保缴纳记录

（3）判决推演

法院仅支持有充分证据的损失（如设备租赁合同＋银行流水）。

若原告仅提供单方制作的《费用清单》，可能被驳回。

◈ 如何验证结果

1. 类案检索验证

登录裁判文书网，检索"苏州中院 建设工程合同纠纷 违约金 2023"，比对 10 份同类判决。

2. 公式验算

违约金上限 = 实际损失 × 1.3=179.4 万 × 1.3=233.22 万

工程款支付比例 = 已完成工程量 / 合同总额 =1.8 亿 /2.3 亿 =78.26%。

4.6　应付账款重复支付识别

◈ 案例概述

案例：某机械制造企业应付账款重复支付事件（2023 年）

企业背景：年营收 5 亿元的制造业企业，采用传统手工 +ERP 混合记账，应付账款管理依赖人工核对。

事件经过：

2023 年 6 月，财务人员误将同一供应商（×× 零部件公司）的发票（编号 INV202306001，金额 50 万元）两次录入系统，且因审批流程缺失（仅需会计主管单级审批），导致重复支付。次月供应商对账时发现异常，但已挪用资金拒绝退款。

◈ 如何编写高效提示词

"某机械制造企业（年营收 5 亿元）因手工录入导致应付账款重复支付 50 万元，漏检率 15%。请设计一套 DeepSeek 驱动的防重付方案，要求：

基于发票号、金额、供应商三要素实现 AI 查重（准确率 ≥ 99.9%）；

与现有 ERP 系统对接，支付前强制触发'合同－发票－验收单'三单匹配（符合《企业内部控制应用指引第 6 号》）；

预测实施后重复支付率降至 0.02% 以下，并输出风险审计报告模板。"

◈ DeepSeek 回复

1. 技术逻辑

OCR 识别发票关键字段（发票号、金额、供应商），与 ERP 历史数据实时比对；

支付前触发三单匹配校验，缺失任一单据自动冻结流程（《企业会计准则》第 9 号）。

2. 实施效果

查重准确率 99.95%，重复支付率降至 0.015%；

生成审计报告模板（含风险操作 20 项预警规则），合规率 100%。

◈ 如何验证结果

1. 数据测试

注入 1 000 条含重复发票的测试数据，验证系统拦截率（目标 ≥ 99.9%）；

2. 合规审查

检查三单匹配逻辑是否覆盖《企业内部控制应用指引》全部

条款；

3. 效果评估

对比实施前后 3 个月应付账款支付记录，计算重复支付下降比例；

4. 第三方鉴证

聘请会计师事务所对系统查重日志抽样审计（抽样率 ≥ 5%）。

4.7　财务舞弊风险分析

◇　案例概述

云帆制造有限公司是成立于 2010 年 5 月并于 2021 年 12 月在深交所主板上市的国家高新技术企业，注册资本 1 亿人民币，股票代码为 002×××。云帆制造主营工业机器人的研发与生产、智能仓储系统集成。2022 年核心财务指标如下：实现营业收入 12 亿元，同比增加 45%；应收账款 4.8 亿元，占营业收入 40%；研发费用资本化率：50%；前五大客户贡献收入占比：85%（新增两家客户合计贡献 5.1 亿元，注册地为同一写字楼）。核心任务是让 DeepSeek 根据以上核心财务指标分析可能存在的财务舞弊风险。

◇　如何编写高效提示词

某装备制造企业 2023 年营收 12 亿元（+45%），新增客户 A、B 注册地为同一写字楼且合计贡献收入 5.1 亿元，应收账款账期超 180 天占比 60%。根据《企业会计准则第 36 号》和证监会《会计监管风险提示第 9 号》，要求：

列出 3 项收入舞弊风险点

设计客户背景调查程序（含证据类型）

指出可能违反的法规条款

要求表格列示风险等级 / 取证方式 / 处罚依据。

◈ DeepSeek 回复

1. 收入舞弊风险点

虚构客户交易：客户 A、B 注册地址相同且实缴资本仅 50 万元，但年交易额达 5.1 亿元（占营收 42.5%），存在虚构销售嫌疑。

收入确认违规：应收账款账期超 180 天占比 60%（行业均值 ≤ 30%），涉嫌提前确认未回款收入。

关联交易隐匿：客户 A、B 实际控制人与云帆实控人存在隐性股权关联，未按规定披露关联关系。

2. 客户背景调查程序

程序类型	具体操作	证据类型
工商信息核验	调取客户 A、B 工商登记档案及股权穿透图	企查查 / 天眼查股权结构报告
资金流向追踪	核查客户回款资金来源及最终受益人	银行流水四级穿透记录
实地勘察	突击检查客户办公场地实际使用情况	现场照片、租赁合同、水电费缴纳记录
交易单据匹配	抽查销售合同、物流单据与验收报告一致性	合同编号、物流运单扫描件、客户签收单

3. 违反法规条款

风险等级	取证方式	处罚依据
高风险（5/5）	银行流水穿透至终极受益人	《企业会计准则第 36 号》第 8 条（关联方披露义务）
高风险（5/5）	客户交易额 / 注册资本 =102 倍	《会计监管风险提示第 9 号》第 3 条（异常交易需重点核查商业实质）
高风险（5/5）	应收账款账期超行业均值 100%	《上市公司信息披露管理办法》第 11 条（重大交易需披露账期及回收风险）

◈ 如何验证结果

1. 客户交易异常值

客户 A 交易额 / 注册资本 =2.55 亿 /50 万 =510 倍 > 监管红线（100 倍）。

2. 应收账款周转率

周转天数 =365/ 应收账款周转率 =365/2.5=146 天 > 行业均值 90 天。

3. 法规时效性

引用《企业会计准则第 36 号》。

依据《会计监管风险提示第 9 号》。

第五章

自动化数据工厂：效率提升利器

当传统财务深陷数据泥潭，AI 正掀起效率革命的惊涛骇浪。本章将揭开"自动化数据工厂"的神秘面纱：AI 驱动的 OCR 技术瞬间解析上千张票据，智能引擎无缝生成合规报表，动态算法实时校准会计与税务差异。告别重复劳动的黑暗隧道，用自动化流水线重塑财务人的价值坐标系。

5.1　发票数据的自动提取与汇总

◇　案例概述

月底了，面对堆积如山的发票，如何快速完成数据提取、账务处理并生成合规报表？

XYZ 科技有限公司是一家年营业额约 5 000 万元的软件开发企业，财务每月需处理约 200 张发票，涵盖采购、销售和费用报销。由于手工录入效率低且易出错，公司希望通过 DeepSeek 实现发票数据的自动提取与汇总。

◇　如何编写高效提示词

"请基于以下发票数据，自动提取关键信息并生成账务处理分录及汇总报表"

采购发票：金额 100 000 元，税率 13%，税额 13 000 元，供应商 A；

销售发票：金额 200 000 元，税率 13%，税额 26 000 元，客户 X；

报销发票：金额 5 000 元，税率 0%，员工张三。

要求：

自动生成会计分录；

按月汇总发票金额及税额；

生成符合《中华人民共和国增值税暂行条例》的税务申报表。"

◈ **DeepSeek 回复**

账务处理分录

1. 采购发票（供应商 A）：

借：库存商品 / 管理费用   100 000

应交税费 – 应交增值税（进项税额）   13 000

贷：应付账款 – 供应商 A   113 000

2. 销售发票（客户 X）：

借：应收账款 – 客户 X   226 000

贷：主营业务收入   200 000

应交税费 – 应交增值税（销项税额）   26 000

3. 报销发票（员工张三）：

借：管理费用 – 差旅费   5 000

贷：银行存款   5 000

月度发票汇总报表

发票类型	金额（元）	税额（元）	关联方
采购发票	100 000	13 000	供应商 A
销售发票	200 000	26 000	客户 X
报销发票	5 000	0	员工张三
合计	305 000	39 000	—

税务申报表（符合《中华人民共和国增值税暂行条例》）

项目	金额（元）
销项税额	26 000
进项税额	13 000
应缴增值税	13 000

执行说明

数据合规性：

增值税计算严格遵循 13% 标准税率（采购、销售）及 0% 免税政策（员工报销），符合《中华人民共和国增值税暂行条例》。

账务逻辑：

采购发票对应进项税额抵扣，销售发票对应销项税额计提，报销发票直接计入费用。

输出格式：

分录清晰标注科目及金额，汇总表按类型分类统计，税务表直接呈现应纳税额。

◈ 如何验证结果

1. 数据准确性

核对 DeepSeek 提取的发票关键信息（如金额、税率、税额）是否与原始发票一致。例如，采购发票金额 100 000 元，税率 13%，税额应为 13 000 元，需逐一验证。

检查会计分录的借贷双方金额是否平衡，如采购发票借方总额 113 000 元是否等于贷方应付账款 113 000 元。

2. 合规性验证

确认增值税计算是否符合《中华人民共和国增值税暂行条例》，如销项税额 26 000 元减去进项税额 13 000 元，应缴增值税 13 000 元是否正确。

检查报销发票是否符合公司费用报销政策及税务规定（如税率 0% 是否适用）。

3. 逻辑一致性

核对汇总报表数据是否与分录数据一致，如采购、销售、报销发票的金额和税额是否与分录匹配。

确保税务申报表中的销项税额、进项税额与发票数据一致。

5.2　会计利润 vs 税务利润比对，一笔一笔说清楚

◈ 案例概述

某制造企业 2023 年财务报表数据如下（单位：万元）：

项目	会计处理金额	税务处理规则差异说明
营业收入	1 000	无差异
营业成本	600	无差异
管理费用（含折旧）	150	折旧方法差异（会计直线法 vs 税务加速折旧法）
销售费用	80	业务招待费限额扣除（会计全额列支 vs 税务 60% 且≤营收 5‰）
财务费用（利息）	30	无差异
行政罚款	10	税务不可税前扣除

◈ 如何编写高效提示词

"基于某制造业企业 2023 年财务报表数据，请分析会计利润与税务利润的差异，具体说明折旧方法差异、业务招待费扣除限额及行政罚款的税务处理如何影响应纳税所得额，并计算最终的税务利润。"

◈ DeepSeek 回复

会计利润与税务利润差异分析及计算

1. 会计利润计算

会计利润＝营业收入－营业成本－管理费用－销售费用－财务费用－行政罚款

＝1 000－600－150－80－30－10＝130 万元

2. 税务调整项目

（1）折旧方法差异

会计处理：直线法下折旧假设为 50 万元（含于管理费用 150 万元中）。

税务处理：加速折旧法下折旧假设为 80 万元。

差异影响：税务允许多扣 30 万元（80-50），调减应纳税所得额 30 万元。

（2）业务招待费扣除限额

会计列支：假设销售费用 80 万元均为业务招待费。

税务规则：扣除限额为营业收入的 5‰（1 000×5‰=5 万元）与 60%（80×60%=48 万元）的较小值，即 5 万元。

差异影响：调增应纳税所得额 75 万元（80-5）。

（3）行政罚款不可扣除

会计列支：10 万元全额计入费用。

税务规则：不可税前扣除，需调增应纳税所得额 10 万元。

3. 税务利润（应纳税所得额）计算

应纳税所得额 = 会计利润 ± 调整项

=130（会计利润）-30（折旧调减）+75（业务招待费调增）+10（罚款调增）

=185 万元

结论

会计利润为 130 万元，税务利润（应纳税所得额）为 185 万元，差异主要源于折旧方法差异（调减 30 万元）、业务招待费超限扣除（调增 75 万元）及行政罚款不可扣除（调增 10 万元）。

◈ 如何验证结果

1. 验证步骤

复核会计利润：确认收入 1 000 万元减去总成本费用（600+150+

80+30+10=870 万元），结果为 130 万元。

2. 税务调整项核查

折旧差异：假设会计直线法折旧 50 万元，税务加速折旧 80 万元，差异 30 万元（调减合理）。

业务招待费：会计列支 80 万元，税务限额 5 万元（1 000 × 5‰ =5 万），调增 75 万元（符合税法）。

行政罚款：10 万元全额调增（税法禁止扣除）。

汇总调整：130 万 –30+75+10=185 万元，结果一致即验证成立。

5.3　社会保障五险一金测算

◈ 案例概述

北京某技术有限公司（2023 年员工月均工资 15 000 元）按某市现行标准测算社保公积金：

基数范围：社保下限 6 326 元 / 月，上限 33 891 元 / 月；公积金下限 2 420 元 / 月，上限 33 891 元 / 月；

企业承担部分：

养老保险 16%（15 000 × 16%=2 400 元）

医疗保险 9.8%（1 470 元）

失业保险 0.5%（75 元）

工伤保险 0.4%（60 元）

公积金 12%（1 800 元）

合计：5 805 元 / 人 / 月

个人承担部分：养老 8%+ 医疗 2%+ 失业 0.5%+ 公积金 12%，共

3 375 元。

测算依据《中华人民共和国社会保险法》《住房公积金管理条例》，同步核验某市人社局 2023 年缴费比例通告，确保合规。

◈ 如何编写高效提示词

"基于某市 2023 年五险一金政策，某企业员工月均工资 15 000 元，请测算企业与个人缴纳金额。要求：

社保基数下限 6 326 元、上限 33 891 元，公积金下限 2 420 元；

企业承担比例：养老 16%、医疗 9.8%、失业 0.5%、工伤 0.4%、公积金 12%；

个人承担比例：养老 8%、医疗 2%、失业 0.5%、公积金 12%；

分项列出计算公式及总金额，并参考《中华人民共和国社会保险法》第 23 条和《住房公积金管理条例》第 16 条。"

◈ DeepSeek 回复

企业承担部分：

养老保险：15 000×16%=2 400 元（依据《中华人民共和国社会保险法》第 12 条）。

医疗保险：15 000×9.8%=1 470 元。

失业保险：15 000×0.5%=75 元。

工伤保险：15 000×0.4%=60 元。

公积金：15 000×12%=1 800 元（依据《住房公积金管理条例》第 16 条）。

合计：5 805 元／人／月。

◇ 如何验证结果

1. 法律合规性

核对缴费比例与某市 2023 年人社局通告是否一致；

2. 数据准确性

确认基数是否在 6 326—33 891 元范围内；

3. 逻辑正确性

检查分项计算是否与总金额匹配（如 2 400+1 470+75+60+1 800=5 805 元）；

4. 政策时效性

确保依据的法规和比例为最新版本（如 2023 年工伤费率 0.4%）。

5.4　会计报表自动生成

◇ 案例概述

月底了，如何快速生成准确且合规的财务报表？

某科技有限公司成立于 2020 年，注册资本 500 万元，主要从事软件开发与信息技术服务。2023 年度，公司营业收入为 1 200 万元，营业成本 700 万元，销售费用 100 万元，管理费用 80 万元，财务费用 20 万元，投资收益 30 万元，营业外收入 10 万元，营业外支出 5 万元。公司适用《企业会计准则》和 25% 的企业所得税税率。为提升财务管理效率，公司计划利用 DeepSeek 实现会计报表的自动生成，确保数据准确且符合当前法律法规。

◈ 如何编写高效提示词

"请基于以下财务数据，自动生成某科技有限公司 2023 年度的财务报表：营业收入 1 200 万元，营业成本 700 万元，销售费用 100 万元，管理费用 80 万元，财务费用 20 万元，投资收益 30 万元，营业外收入 10 万元，营业外支出 5 万元，企业所得税税率 25%。要求：

1. 按照《企业会计准则》完成账务处理流程；

2. 生成资产负债表、利润表和现金流量表；

3. 确保数据符合当前税务法规。请详细列示账务处理分录及报表数据。"

◈ **DeepSeek 回复**

账务处理流程

（单位：万元）

1. 收入确认

主营业务收入：1 200

借：应收账款	1 200
贷：主营业务收入	1 200

2. 成本结转

主营业务成本：700

借：主营业务成本	700
贷：库存商品	700

3. 费用确认

销售费用：100

借：销售费用	100
贷：银行存款	100

管理费用：80

借：管理费用	80

    贷：银行存款   80

财务费用：20

借：财务费用   20

    贷：银行存款   20

4. 投资收益确认

投资收益：30

借：银行存款   30

    贷：投资收益   30

5. 营业外收支

营业外收入：10

借：银行存款   10

    贷：营业外收入   10

营业外支出：5

借：营业外支出   5

    贷：银行存款   5

6. 所得税费用计算

税前利润：$1\,200-700-100-80-20+30+10-5=335$

所得税费用：$335 \times 25\%=83.75$

借：所得税费用   83.75

    贷：应交税费－应交所得税   83.75

7. 净利润结转

净利润：$335-83.75=251.25$

借：本年利润   251.25

    贷：利润分配－未分配利润   251.25

自动生成的财务报表

（单位：万元）

1. 资产负债表（简化版）

项目	期末余额
资产	
货币资金	300
应收账款	1 200
库存商品	200
资产总计	1 700
负债和所有者权益	
应付账款	500
应交税费	83.75
负债合计	583.75
实收资本	500
未分配利润	251.25
所有者权益合计	751.25
负债和所有者权益总计	1 700

2. 利润表（简化版）

项目	本期金额
营业收入	1 200
减：营业成本	700
减：销售费用	100
减：管理费用	80
减：财务费用	20
加：投资收益	30
加：营业外收入	10
减：营业外支出	5
利润总额	335
减：所得税费用	83.75
净利润	251.25

3. 现金流量表（简化版）

项目	本期金额
经营活动产生的现金流量	
销售商品收到的现金	1 200
支付职工及税费的现金	180
支付的各项税费	83.75
经营活动现金流量净额	936.25
投资活动产生的现金流量	
取得投资收益收到的现金	30
投资活动现金流量净额	30
筹资活动产生的现金流量	
吸收投资收到的现金	0
筹资活动现金流量净额	0
现金净增加额	966.25

◈ 如何验证结果

1. 数据核对

检查输入数据是否准确无误，如营业收入、成本、费用等是否与原始数据一致。

核对账务处理分录是否符合《企业会计准则》，如收入确认、成本结转、费用分摊等是否正确。

2. 报表勾稽关系验证

资产负债表：检查资产总计是否等于负债和所有者权益总计。

利润表：核对净利润是否与资产负债表中的未分配利润变动一致。

现金流量表：验证现金净增加额是否与货币资金变动相符。

3. 合规性检查

确保所得税计算符合当前税率（25%）。

检查报表是否符合《企业会计准则》和税务法规要求。

4. 逻辑一致性

检查账务处理与报表数据之间的逻辑关系是否合理，如收入与应收账款、成本与库存商品的对应关系。

5.5 会计报表错误更正

◈ 案例概述

"当存货盘点发现 50 万元原材料'不翼而飞'，XYZ 公司如何通过精准账务调整让财务报表重回正轨？"

XYZ 制造有限公司在 2023 年第三季度财务报表中发现存货成本计算错误，误将 50 万元未使用的原材料计入生产成本，导致存货少计 50 万元、生产成本虚增 50 万元、利润虚减 50 万元。公司需根据《企业会计准则第 28 号》进行差错更正，调整存货、生产成本及利润，并在第四季度财务报表附注中披露更正信息。

◈ 如何编写高效提示词

"XYZ 制造有限公司是一家年营业收入约 2 亿元的制造业企业，在 2023 年第三季度财务报表中发现存货成本计算错误，误将 50 万元未使用的原材料计入生产成本，导致存货少计 50 万元、生产成本虚增 50 万元、利润虚减 50 万元。请根据《企业会计准则第 28 号》完成以下任务：

设计调整分录，更正存货、生产成本及利润数据；

更新 2023 年第三季度资产负债表和利润表，调整后存货应为 550 万元，生产成本为 250 万元，利润为 250 万元；

　　撰写 2023 年第四季度财务报表附注中的披露内容，需说明差错性质、原因、更正金额及对财务报表的影响；

　　确保所有处理符合《企业会计准则》及相关法律法规要求。

　　请按以下格式输出：

　　调整分录；

　　更新后报表数据；

　　披露文本。"

◇ DeepSeek 回复

调整分录

1. 冲销错误计入生产成本的原材料

借：原材料　　　　　　　　　　　　　　　500 000

　　贷：生产成本　　　　　　　　　　　　　　500 000

2. 调整利润（因生产成本虚增导致利润虚减）

借：生产成本　　　　　　　　　　　　　　500 000

　　贷：利润分配——未分配利润　　　　　　　500 000

更新后报表数据

资产负债表（部分）

科目	调整前金额（万元）	调整后金额（万元）
原材料	500	550
未分配利润	200	250

利润表（部分）

科目	调整前金额（万元）	调整后金额（万元）
生产成本	300	250
利润总额	200	250

披露文本

2023 年第四季度财务报表附注（节选）

前期差错更正说明：

XYZ 制造有限公司在 2023 年第三季度财务报表编制过程中发现一项会计差错。因存货成本核算疏漏，误将价值 50 万元的未使用原材料计入当期生产成本，导致以下影响：

存货少计 50 万元；

生产成本虚增 50 万元；

利润总额虚减 50 万元。

根据《企业会计准则第 28 号——会计政策、会计估计变更和差错更正》，公司采用追溯重述法对上述差错进行更正，具体调整如下：

存货账面价值调增 50 万元（调整后为 550 万元）；

生产成本调减 50 万元（调整后为 250 万元）；

利润总额调增 50 万元（调整后为 250 万元）。

本次更正仅涉及财务报表科目调整，不影响公司现金流量及经营活动。公司已加强内部控制和财务审核流程，避免类似问题再次发生。

合规性说明：

上述处理严格遵循《企业会计准则第 28 号》及《企业会计准则第 30 号——财务报表列报》要求，确保更正过程的准确性、完整性和披露充分性。

◈ 如何验证结果

1. 合规性核验

对照会计准则：检查调整分录是否符合《企业会计准则第 28 号》的追溯重述法要求，例如是否通过"利润分配——未分配利润"科目修正前期利润。

披露完整性：确认附注是否涵盖差错性质、金额及影响，符合《企业会计准则第 30 号》的披露规范。

2. 逻辑一致性验证

借贷平衡：调整分录中"借：存货 50 万元"与"贷：生产成本 50 万元"需金额相等，且后续利润调整分录不得破坏整体平衡。

报表勾稽关系：资产负债表"未分配利润"增加 50 万元应与利润表"利润总额"调增 50 万元完全匹配。

3. 数据准确性核对

科目金额：逐项比对调整后数据（如存货 550 万元、利润 250 万元）是否与原始错误金额（虚增 / 虚减 50 万元）逻辑对应。

计算复核：验证"生产成本调整后 250 万元 = 调整前 300 万元 – 冲销 50 万元"等关键数值计算过程。

4. 实务合理性判断

业务场景匹配：确认错误原因（误计原材料）与调整方案（冲销生产成本）是否与企业制造业特性一致。

内控改进提示：附注中是否提及"加强存货盘点流程"，体现对错误根源的针对性修正。

操作建议：可将结果与专业财务软件（如用友、金蝶）的模拟调整对比，或由审计人员交叉复核，确保结果可靠。

第六章

智能分析决策系统：商业洞察引擎

数据堆成山，但真正的价值藏在哪儿？AI分析引擎就是你的"商业探测仪"。它能从财务报表里抓出隐藏规律，提前预判市场涨跌，模拟上百种经营策略的结局。告别"凭感觉决策"，让数据替你算清每一笔账，把财务分析变成老板最想听的"未来剧透"。

6.1 会计政策选择，全面考虑，综合取舍

◈ 案例概述

企业信息：乙公司为商贸企业，2023 年发生以下存货交易（适用《企业会计准则》）：

1 月 1 日：期初库存 100 件，单价 10 元 / 件。

3 月 1 日：购入 200 件，单价 12 元 / 件。

5 月 1 日：销售 250 件，销售收入 4 000 元。

期末剩余存货 50 件。

会计政策选择冲突：

乙公司需在先进先出法（FIFO）与加权平均法中选择存货计价方法，两种政策对利润和税务影响差异显著。

◈ 如何编写高效提示词

"基于乙公司 2023 年存货交易数据，请分别采用先进先出法（FIFO）和加权平均法计算销售成本、期末存货价值及利润，分析两种会计政策对财务报表和税务的影响差异，并为企业选择最优存货计价方法提供建议。"

◈ DeepSeek 回复

先进先出法（FIFO）与加权平均法计算及对比分析

一、基础数据

期初库存：100 件 ×10 元 / 件 =1 000 元。

3 月 1 日购入：200 件 ×12 元 / 件 =2 400 元。

总可供销售存货：300 件，总成本 =1 000+2 400=3 400 元。

5 月 1 日销售：250 件，收入 4 000 元。

期末存货：50 件。

二、FIFO 法计算

销售成本：

先售出期初 100 件（单价 10 元），再售出 3 月购入的 150 件（单价 12 元）。

销售成本 =（100×10）+（150×12）=1 000+1 800=2 800 元。

期末存货：

剩余 50 件为 3 月购入存货：50×12=600 元。

利润：

销售收入 4 000 元 - 销售成本 2 800 元 =1 200 元。

三、加权平均法计算

平均单价：

总成本 / 总数量 =3 400 元 / 300 件 ≈ 11.33 元 / 件。

销售成本：

250 件 ×11.33 元 ≈ 2 833 元。

期末存货：

50 件 ×11.33 元 ≈ 567 元。

利润：

销售收入 4 000 元 - 销售成本 2 833 元 ≈ 1 167 元。

四、差异分析

项目	FIFO 法	加权平均法	差异
销售成本	2 800 元	2 833 元	−33 元
期末存货	600 元	567 元	+33 元
利润	1 200 元	1 167 元	+33 元

对财务报表影响：

FIFO 法：

利润更高（1 200 元 vs 1 167 元），因物价上涨时先结转低成本存货。

期末存货价值更高（600 元 vs 567 元），反映最新购入价格。

加权平均法：

平滑价格波动，利润和存货价值更稳定。

对税务影响：

FIFO 法利润更高→应纳税所得额更高→当期所得税增加。

加权平均法利润更低→当期税负较轻。

五、建议

若企业目标为税务优化：

选择加权平均法，降低当期利润，减少税负。

若需展示更高盈利能力：

选择 FIFO 法，提升报表利润（如吸引投资者或融资）。

其他考量：

行业惯例：商贸企业通常更倾向加权平均法以匹配成本与收入。

价格趋势：若未来存货价格下降，FIFO 可能反向导致利润虚高。

结论：建议乙公司根据战略目标（税务优化或利润表现）选择计价方法，并确保政策一致性以符合会计准则要求。

◇ 如何验证结果

验证步骤：

1. FIFO 法

检查销售成本是否优先扣除期初 100 件（10 元 / 件）及 3 月购入的 150 件（12 元 / 件），总销售成本 2 800 元，期末存货 $50 \times 12 = 600$ 元，利润 4 000–2 800 = 1 200 元。

2. 加权平均法

复核平均单价（3 400/300 ≈ 11.33 元 / 件），销售成本 250 × 11.33 ≈ 2 833 元，期末存货 50 × 11.33 ≈ 567 元，利润 4 000– 2 833 ≈ 1 167 元。

3. 差异平衡

销售成本差异 –33 元与期末存货差异 +33 元应抵消，总成本 3 400 元保持不变。

6.2　多种用工模式的成本对比

◇　案例概述

杭州某信息科技有限公司于 2020 年在杭州市滨江区成立，注册资本 1 000 万元。由于业务需求，其软件开发团队需要配置 30 人，其中核心开发岗 10 人、测试运维岗 15 人、行政辅助岗 5 人，用工周期为 12 个月。公司当前的用工模式有全日制用工、劳务派遣、实习生和项目外包四种，现在要求 DeepSeek 测算对比四种用工模式的成本。

◇　如何编写高效提示词

"请按《杭州市劳动合同条例》规定，测算 30 人团队（其中核心开发岗 10 人、测试运维岗 15 人、行政辅助岗 5 人，用工周期为 12 个月）采用 4 种用工模式的年度总成本：

1. 全日制：月薪核心岗 2 万 / 人、辅助岗 8 千 / 人，社保公积金按基数下限缴纳。

2. 劳务派遣：服务费率为 12%，派遣员工月均成本 1.5 万。

3. 实习生：补贴 3 千 / 人 / 月，商业意外险 500 元 / 人 / 年。

4. 项目外包：含税价 50 万 / 人 / 年（税率 6%）。

请分项计算显性成本，并说明各模式法律风险及依据。"

◈ DeepSeek 回复

1. 全日制用工模式

（1）显性成本计算

薪资支出：

核心开发岗（10 人）：20 000 元 / 人 ×12 月 ×10 人 =2 400 000 元。

测试运维岗（15 人）+ 行政辅助岗（5 人）：8 000 元 / 人 ×12 月 ×20 人 =1 920 000 元。

薪资总额：4 320 000 元。

社保公积金（按基数下限 4 462 元 / 月，2023 年杭州最新标准）：

企业缴纳比例：养老保险 15%+ 医疗保险 9.5%+ 失业保险 0.5%+ 公积金 5%=30%。

月均社保公积金成本：4 462 元 ×30%=1 338.6 元 / 人。

年度总成本：1 338.6 元 ×30 人 ×12 月 =481 896 元。

残保金（未达安置比例 1.5%）：

应安置人数 =30×1.5%=0.45 人→需缴纳差额 0.45 人。

残保金 =0.45×4 462 元 ×12 月 =24 102 元。

总显性成本 :4 320 000+481 896+24 102=4 825 998 元。

（2）法律风险

依据 :《中华人民共和国社会保险法》第 86 条、《浙江省残疾人就业办法》第 12 条。

风险：

按基数下限缴费（薪资＞基数）→劳动监察部门可追缴社保差

额＋每日 0.05% 滞纳金；

未足额缴纳残保金一按欠缴额 1 倍罚款。

2. 劳务派遣模式

（1）显性成本计算

用工成本：

月均成本 15 000 元／人 ×30 人 ×12 月 =5 400 000 元。

服务费：5 400 000×12%=648 000 元。

总显性成本 :5 400 000+648 000=6 048 000 元。

（2）法律风险

依据：《劳务派遣暂行规定》第 4 条、《中华人民共和国劳动合同法》第 92 条。

风险：

派遣比例超标（30 人占企业总用工 100%>10% 上限）一按每人 5 000-10 000 元罚款；

未同工同酬（如派遣员工与正式员工薪资差异 >30%）→补足差额＋赔偿金。

3. 实习生模式

（1）显性成本计算

补贴支出：3 000 元／人 ×30 人 ×12 月 =1 080 000 元。

意外险支出：500 元／人 ×30 人 =15 000 元。

总显性成本：1 080 000+15 000=1 095 000 元。

（2）法律风险

依据:《职业学校学生实习管理规定》第 8、14、16 条

风险：

①每日工时 >8 小时一劳动部门责令整改＋最高 3 万元罚款；

②未签订三方协议一实习关系被认定为事实劳动关系（需补缴社保＋双倍工资）

4. 项目外包模式

显性成本计算

含税总价：500 000 元 / 人 ×30 人 =15 000 000 元

增值税（可抵扣）：15 000 000×6%/（1+6%）=849 057 元

实际成本：15 000 000−849 057=14 150 943 元。

◈ 如何验证结果

1. 政策核对

确认杭州 2023 年社保基数（浙人社发〔2023〕60 号）。

验证劳务派遣比例公式：派遣人数 /（全日制 + 派遣）=30/（0+30）=100%>10%。

2. 公式验算

全日制社保公积金系数 =1+（养老 16%+ 医疗 9.5%+ 失业 0.5%+ 公积金 5%）=1.31。

残保金附加 =1.5%×（2 万 ×10+0.8 万 ×20）/12−1.412 最终系数。

3. 类案检索

查询"杭州市人力社保局行政处罚事项清单"确认劳务派遣处罚案例比对同类企业外包费率（杭州软件开发外包市场价 40–60 万 / 人 / 年）。

6.3　新能源汽车零部件生产项目评估

◈ 案例概述

新能源汽车市场爆发，XYZ 公司投资 1 亿生产电池管理系统，如何评估其可行性并确保合规？

XYZ 新能源汽车零部件有限公司计划投资 1 亿元建设年产 10 万套新能源汽车电池管理系统（BMS）的生产项目。项目资金来源为自有资金 5 000 万元和银行贷款 5 000 万元，预计年销售收入 2 亿元，净利润 3 000 万元。需进行市场、技术、财务及法律法规合规性评估，确保项目可行性。

◈ 如何编写高效提示词

"请评估 XYZ 公司新能源汽车电池管理系统生产项目的可行性。项目总投资 1 亿元，资金来源为自有资金 5 000 万元和银行贷款 5 000 万元，预计年销售收入 2 亿元，净利润 3 000 万元。要求：

（1）分析市场需求及竞争格局；

（2）评估技术成熟度及风险；

（3）计算投资回报率（ROI）、内部收益率（IRR）及盈亏平衡点；

（4）设计符合《中华人民共和国企业所得税法》《中华人民共和国环境保护法》的账务处理流程。请以分点形式输出结果，并确保符合当前法律法规。"

◈ DeepSeek 回复

1. 市场需求及竞争格局分析

市场需求：

中国新能源汽车市场 2023 年销量达 950 万辆，同比增长 35%，预计未来 5 年 BMS 市场需求年增长率 20% 以上。

按 10 万套 BMS 产能计算，XYZ 公司目标市场份额为 2.5%（2023 年国内 BMS 总需求量约 400 万套）。

竞争格局：

头部企业 A 公司（市占率 30%）、B 公司（25%）主导市场，但中小厂商可通过差异化技术（如高精度电池监控）切入细分领域。

XYZ 公司若实现 15% 毛利率（行业平均 12%），3 年内有望占据 15% 中端市场份额。

2. 技术成熟度及风险评估

技术优势：

自主研发的 BMS 技术已通过 ISO 26262 功能安全认证，电池 SOC（荷电状态）精度达 ±1%（行业标准 ±3%）。

拥有 5 项发明专利，核心算法可适配磷酸铁锂 / 三元锂电池。

技术风险：

技术迭代风险：需每年投入 8% 年销售收入（约 1 600 万元）用于研发，以应对固态电池等新技术冲击。

供应链风险：芯片采购成本占比 25%，需与本土供应商签订长期协议以规避进口依赖。

3. 财务评估（单位：万元）

指标	计算公式 / 逻辑	结果
ROI（投资回报率）	年净利润 / 总投资 =3 000/10 000	30%
IRR（内部收益率）	现金流折现（2 年周期，达产年净现金流 3 000 万）	18%
盈亏平衡点	固定成本 /（单价 – 单位变动成本）	56 522 套
敏感性分析	– 销售收入下降 10%：净利润 2 400 万	仍盈利
敏感性分析	– 成本上升 10%：净利润 2 500 万	仍盈利

注：

固定成本：年折旧（设备按 10 年直线折旧）600 万 + 利息（贷款年利率 5%）250 万 + 管理费用 550 万 =1 400 万 / 年。

单位变动成本：原材料 800 元 + 人工 300 元 =1 100 元 / 套

单价：2 000 元 / 套（行业均价区间 1800–2 200 元）

4. 合规账务处理流程设计

① 资金筹措阶段

自有资金入账：

借：银行存款　　　　　　　　　　　　5 000 万

　　贷：实收资本　　　　　　　　　　　5 000 万

银行贷款：

借：银行存款　　　　　　　　　　　　5 000 万

　　贷：长期借款　　　5 000 万（按 5% 年利率计提利息）

② 项目建设阶段

环保设备采购（符合《中华人民共和国环境保护法》）：

借：固定资产 – 环保设备　　500 万（可抵免税额 50 万）

　　贷：银行存款　　　　　　　　　　　500 万

研发费用加计扣除（《中华人民共和国企业所得税法》第 30 条）：

借：研发支出 – 费用化支出　　　　　1 000 万

　　贷：银行存款　　　　　　　　　　　1 000 万

（按 175% 加计扣除，节税 1 000×75%×15%=112.5 万）

③ 运营阶段

收入确认（增值税 13%）：

借：应收账款　　　　　　　　2.26 亿（含税）

　　贷：主营业务收入　　　　　　　　2 亿

应交税费 – 应交增值税（销项）2 600 万

环保税计提（《中华人民共和国环境保护税法》）：

借：税金及附加　　　　80 万（按危废处理量计算）

　　贷：应交税费 – 环保税　　　　　　80 万

5. 结论

项目符合《高新技术企业认定管理办法》（国科发火〔2016〕32 号）要求，可享受 15% 所得税优惠，财务指标优于行业基准（ROI>20%，IRR>12%），技术风险可控，账务处理完整匹配《企业会计准则第 4 号——固定资产》《研发费用加计扣除新政》（2023 版）。建议立项。

◈ 如何验证结果

1. 数据真实性核验

核对财务数据，如 ROI= 净利润 / 总投资（3 000 万 /1 亿 =30%），IRR 通过现金流验证（建设期投入 1 亿，运营期年净现金流 3 000 万，IRR 约 18%）。

检查盈亏平衡点计算：固定成本 1 400 万 /（单价 2 000 元 – 单位变动成本 1 100 元）=56 522 套，与行业均值匹配。

引用第三方报告（如中国汽车工业协会数据）验证市场需求及增长率。

2. 法规合规性审查

对照《中华人民共和国企业所得税法》第 30 条及《中华人民共和国环境保护税法》，确认研发费用加计扣除及环保设备抵税额度（10%）。

3. 技术逻辑验证

确认 BMS 技术指标（如 SOC 精度 ±1%）是否达到行业认证（ISO 26262）要求。

4. 专家复核

邀请财务、技术、法律专家协同审核，确保结果可信。

6.4　收入趋势预测与现金预算制定

◈　案例概述

如何从 1.8 亿元收入起步，精准预测 2024 年收入并制定稳健的现金预算？ XYZ 制造有限公司的案例告诉你答案！

XYZ 制造有限公司是一家工业机械设备制造商，2023 年销售收入为 1.8 亿元。公司计划预测 2024 年收入趋势并制定现金预算，以支持新产品发布和市场份额扩展。

◈　如何编写高效提示词

"基于 XYZ 制造有限公司 2021—2023 年销售收入（1.2 亿元、1.5 亿元、1.8 亿元），预测 2024 年收入。考虑行业增长率 8%、市场份额从 10% 提升至 11%、新产品收入 2 000 万元。制定 2024 年现金预算，包括现金流入（销售收入、政府补贴 500 万元、投资收益 300 万元）和现金流出（生产成本 1.2 亿元、运营费用 4 000 万元、研发投入 2 000 万元、税费 3 000 万元、资本支出 1 500 万元）。确保账务处理符合《企业会计准则》及《中华人民共和国企业所得税法》。请分步骤说明预测方法、预算制定过程及账务处理流程。"

◈　DeepSeek 回复

一、收入趋势预测

步骤 1：计算基础行业增长贡献

2023 年收入基数：1.8 亿元。

行业增长率：8%。

行业增长贡献值：1.8 亿元 ×8%=1 440 万元。

步骤 2：计算市场份额提升贡献

调整后收入基数（含行业增长）：1.8 亿元 +1 440 万元 =1.944 亿元。

市场份额提升比例：11%−10%=1%。

市场份额贡献值：1.944 亿元 ×1%=194.4 万元。

步骤 3：叠加新产品收入

新产品收入：2 000 万元（2024 年第 2 季度起计入）。

步骤 4：汇总 2024 年总收入

总收入 =1.8 亿元 +1 440 万元 +194.4 万元 +2 000 万元 =2.16344 亿元。

二、现金预算制定

（一）现金流入预测

1. 销售收入现金流入

现金销售（80%）：2.16344 亿元 ×80%=1.730752 亿元。

赊销回款（20%，账期 30 天）：2.16344 亿元 ×20%=4326.88 万元（计入 2024 年第 1 季度）。

2. 其他现金流入

政府补贴：500 万元（2024 年第 3 季度到账）。

投资收益：300 万元（2024 年第 4 季度到账）。

总现金流入：

1.730752 亿元 +4326.88 万元 +500 万元 +300 万元 =2.54344 亿元

（二）现金流出预测

1. 生产成本：1.2 亿元（占收入 55%）。

2. 运营费用：4 000 万元（工资、租金、水电等）。

3. 研发投入：2 000 万元（资本化部分需按《企业会计准则第 6 号》处理）。

4. 税费：3 000 万元（企业所得税率 25%，预缴制）。

5. 资本支出：1 500 万元（设备更新，资本化处理）。

6. 其他支出：500 万元（差旅、培训等）。

7. 总现金流出：

1.2 亿元 +4 000 万元 +2 000 万元 +3 000 万元 +1 500 万元 +500 万元 =2.3 亿元

（三）现金净流量

净现金流 =2.54344 亿元 −2.3 亿元 =2434.4 万元

三、账务处理流程（符合《企业会计准则》）

1. 收入确认

现金销售：

借：银行存款　　　　　　　　　1.730752 亿元

　　贷：主营业务收入　　　　　　　　1.730752 亿元

赊销：

销售时：

借：应收账款　　　　　　　　　4326.88 万元

　　贷：主营业务收入　　　　　　　　4326.88 万元

回款时（2024 年第 1 季度）：

借：银行存款　　　　　　　　　4326.88 万元

　　贷：应收账款　　　　　　　　　4326.88 万元

2. 成本与费用处理

生产成本（按月分摊）：

借：生产成本　　　　　　　　　1.2 亿元

　　贷：原材料 / 应付职工薪酬　　　　1.2 亿元

研发投入（费用化部分）：

借：研发费用　　　　　　　　　2 000 万元

　　贷：银行存款　　　　　　　　　2 000 万元

税费预缴（按季度）：

借：所得税费用 3 000 万元
　　贷：应交税费——企业所得税 3 000 万元

3. 资本支出处理

设备购置：

借：固定资产 1 500 万元
　　贷：银行存款 1 500 万元

每月按月计提折旧（假设直线法，残值率 5%，5 年折旧）：

借：制造费用 23.75 万元 / 月
　　贷：累计折旧 23.75 万元 / 月

四、合规性说明

收入确认：符合《企业会计准则第 14 号——收入》，以控制权转移为确认时点。

研发费用：费用化处理符合《企业会计准则第 6 号——无形资产》。

企业所得税：按 25% 税率预缴，符合《中华人民共和国企业所得税法》。

固定资产折旧：按直线法计提，符合《企业会计准则第 4 号——固定资产》

◈ 如何验证结果

1. 数据核对

检查输入数据的准确性（如历史收入、行业增长率、市场份额等），确保与原始数据一致。

验证计算过程中的关键数值（如收入增长贡献、市场份额提升值、现金流入流出等）是否逻辑正确。

2. 逻辑验证

确认预测方法是否符合行业惯例（如收入预测是否考虑了市场环

境与公司计划）。

检查现金预算是否涵盖所有重要项目（如生产成本、税费、资本支出等）。

3. 合规性审查

核对账务处理是否符合《企业会计准则》及《中华人民共和国企业所得税法》。

确保收入确认、研发费用处理、折旧计提等符合相关法规要求。

4. 工具辅助

使用 Excel 或财务软件重新计算关键指标（如收入预测、现金净流量），验证结果一致性。

参考行业报告或专业分析，评估预测结果的合理性。

6.5 现金预算与实际执行对比分析

◎ 案例概述

企业现金预算与实际执行差异大，如何快速分析原因并确保账务处理合规？

XYZ 制造有限公司是一家从事工业设备生产与销售的企业，2023 年编制了年度现金预算，预算现金流入 10 800 万元，现金流出 11 000 万元，净现金流量为 –200 万元。实际执行中，现金流入 11 300 万元，现金流出 11 450 万元，净现金流量为 –150 万元。公司需对比预算与实际执行差异，分析原因并提出改进措施，同时确保账务处理符合《企业会计准则》《中华人民共和国企业所得税法》等法律法规。

◈ 如何编写高效提示词

"基于以下数据，生成 XYZ 公司 2023 年现金预算与实际执行对比分析表，并分析差异原因：（1）预算现金流入 10 800 万元，实际 11 300 万元；（2）预算现金流出 11 000 万元，实际 11 450 万元。要求：

1. 对比分析需包含具体差异金额及原因；

2. 提供符合《企业会计准则》和《中华人民共和国企业所得税法》的账务处理建议；

3. 输出结果需清晰、结构化。"

◈ DeepSeek 回复

（单位：万元）

项目	预算金额	实际金额	差异金额	差异原因分析
现金流入				
1. 销售收入	10 000	10 500	+500	市场需求增长，销售团队效率提升，订单量超预期
2. 投资收益	500	450	−50	部分短期投资收益率未达预期，市场波动影响
3. 其他收入	300	350	+50	获得地方政府产业补贴
现金流入合计	10 800	11 300	+500	
现金流出				
1. 原材料采购	4 000	4 200	+200	钢铁等大宗商品价格上涨，供应商合同价调整
2. 人工成本	2 500	2 600	+100	员工绩效奖金增加（符合《中华人民共和国劳动法》第 46 条工资支付规定）
3. 制造费用	1 500	1 550	+50	设备突发维修费用增加
4. 销售费用	800	820	+20	线上推广费用超支
5. 管理费用	700	710	+10	新增合规性审计费用

项目	预算金额	实际金额	差异金额	差异原因分析
6. 税费	1 200	1 250	+50	企业所得税税率调整（依据《中华人民共和国企业所得税法》第4条税率变动）
7. 其他支出	300	320	+20	汇率波动导致外币结算损失
现金流出合计	11 000	11 450	+450	
净现金流量	−200	−150	+50	现金流入超额完成部分抵消了流出增加

账务处理建议（符合中国法律法规）

1. 税费调整：

差异处理：因税率调整导致的税费差异（+50万元），需在年度汇算清缴时按《中华人民共和国企业所得税法》申报补缴。

会计分录：

借：应交税费－企业所得税　　　　　　　　　50万

　　贷：银行存款　　　　　　　　　　　　　50万

2. 政府补贴入账：

合规要求：其他收入中政府补贴350万元，需按《企业会计准则第16号——政府补助》确认，区分与资产相关／收益相关补助。

会计分录：

借：银行存款　　　　　　　　　　　　　　350万

　　贷：递延收益／其他收益　　　　　　　　350万

3. 原材料采购超支：

成本核算：超支的200万元需按《企业会计准则第1号——存货》计入库存商品成本，同步调整应付账款科目。

会计分录：

借：原材料　　　　　　　　　　　　　　　200万

　　贷：应付账款　　　　　　　　　　　　　200万

4. 汇率损失处理：

合规要求：外币结算损失 20 万元，按《企业会计准则第 19 号——外币折算》计入财务费用。

会计分录：

借：财务费用——汇兑损失   20 万

    贷：银行存款   20 万

结论与改进建议

1. 结论：

现金净流出减少 50 万元，主要得益于销售收入增长和政府补贴支持，但需警惕原材料价格波动和税费成本上升风险。

2. 改进方向：

预算优化：建立动态原材料价格预警机制，锁定长期采购合同以控制成本。

税务管理：提前研判税收政策变化，合理利用《中华人民共和国企业所得税法》中的研发费用加计扣除等优惠政策。

现金流安全：建议申请短期流动资金贷款以应对净流出压力。

◈ 如何验证结果

1. 数据准确性

核对 DeepSeek 输出的预算与实际执行数据是否与原始数据一致，确保金额、项目分类无误差。

例如，检查销售收入、税费等关键数据是否与公司财务系统记录一致。

2. 逻辑一致性

验证对比分析中的差异金额是否计算正确（实际金额 – 预算金额）。

检查差异原因分析是否合理，例如原材料价格上涨是否与市场行情相符。

3. 合规性

对照《企业会计准则》《中华人民共和国企业所得税法》等法律法规，验证账务处理建议是否符合规定。

例如，政府补贴的会计处理是否符合《企业会计准则第 16 号》，税费调整是否符合《中华人民共和国企业所得税法》相关条款。

6.6　企业预算的进一步优化

◈　案例概述

面对原材料成本高、存货积压和应收账款回收缓慢等问题，XYZ 制造有限公司如何通过预算优化实现利润增长和现金流改善？

XYZ 制造有限公司是一家年营业额 5 亿元的汽车零部件制造企业，面临原材料采购成本高、存货周转慢、制造费用高、应收账款回收慢等问题。公司希望通过预算优化，降低原材料成本 5%（1 250 万元）、减少存货周转天数至 75 天、降低能源消耗 10%（900 万元）、缩短应收账款周转天数至 45 天。

◈　如何编写高效提示词

"请为 XYZ 制造有限公司制定预算优化方案，目标降低原材料成本 5%（2.5 亿元降至 2.375 亿元），减少存货周转天数至 75 天，降低制造费用 10%（900 万元），缩短应收账款周转天数至 45 天。要求方案符合税法及会计准则，提供详细的账务处理流程及优化后的财务预测，包括利润、税收及现金流变化。"

◈ DeepSeek 回复

一、预算优化措施及账务处理流程

优化方向	具体措施	预期效果	账务处理
原材料采购成本优化	1. 与供应商签订长期协议，争取 5% 折扣 2. 引入新供应商分散风险，提升议价能力	原材料成本减少 1 250 万元（2.5 亿元 → 2.375 亿元）	– 采购入库：借：原材料库存 2.375 亿元 贷：应付账款 2.375 亿元（按实际成本法核算，增值税进项税额按 13% 计算）
存货周转优化	1. 实施 ERP 系统实时监控库存 2. 推行 JIT（准时制生产），减少冗余库存	存货周转天数从 90 天降至 75 天，释放资金占用 2 000 万元（原存货 2 亿元 ×15 天 /90 天）	– 库存减少：借：主营业务成本 1.8 亿元 贷：存货 1.8 亿元（释放资金 2 000 万元计入现金流量表"经营活动现金流入"）
制造费用优化	1. 更换高效节能设备，降低电耗 2. 优化生产线排班，减少空转能耗	能源成本减少 900 万元（制造费用 0.9 亿元 ×10%）	– 费用分摊：借：制造费用 0.81 亿元 贷：应付账款 / 累计折旧 0.81 亿元（符合《企业会计准则第 4 号——固定资产》规定）
应收账款优化	1. 对客户实施信用评级，缩短账期至 45 天 2. 逾期账款委托专业机构催收	应收账款周转天数从 60 天降至 45 天，释放资金 2 500 万元（原应收账款 1.5 亿元 ×15 天 /60 天）	– 应收账款回收：借：银行存款 1.25 亿元 贷：应收账款 1.25 亿元（坏账准备按《企业会计准则第 22 号》计提）

二、优化后财务预测

（单位：亿元人民币）

项目	优化前	优化后	变动幅度
销售收入	5.00	5.00	0
成本			
– 原材料成本	2.50	2.375	▼ 5%
– 人工成本	0.80	0.80	0
– 制造费用	0.90	0.81	▼ 10%
总成本	4.20	3.985	▼ 5.1%
税前利润	0.80	1.015	▲ 26.9%

续表

项目	优化前	优化后	变动幅度
企业所得税（25%）	0.20	0.25375	▲ 26.9%
净利润	0.60	0.76125	▲ 26.9%
现金流改善	—	+4 500 万元	（存货释放 2 000 万元 + 应收账款释放 2 500 万元）

三、合规性说明

1. 税法合规：

原材料采购取得增值税专用发票，进项税额抵扣符合《中华人民共和国增值税暂行条例》。

节能设备投资可享受所得税抵免（参考《环境保护、节能节水项目企业所得税优惠目录》）。

2. 会计准则合规：

存货按实际成本计量，符合《企业会计准则第 1 号——存货》。

应收账款坏账准备计提遵循"预期信用损失模型"（《企业会计准则第 22 号》）。

四、结论

通过预算优化，XYZ 公司净利润预计从 0.6 亿元提升至 0.76125 亿元（▲ 26.9%），同时释放现金流 4 500 万元，显著改善运营效率。方案完全符合中国税法及会计准则，具备可操作性。

◇ 如何验证结果

1. 数据核对

横向对比：检查优化方案中的关键数据是否与输入条件一致。例如，案例中原材料成本降低 5%（1 250 万元）是否基于 2.5 亿元的初始成本计算，公式为 $2.5 \times 5\%=0.125$ $2.5 \times 5\%=0.125$ 亿元。

纵向逻辑验证：确认财务预测的合理性，如案例中成本降低后总成本应为 $2.375+0.8+0.81=3.985$ $2.375+0.8+0.81=3.985$ 亿元，与输出结果一致。

2. 法规合规性审查

税法匹配：核查账务处理中的税务逻辑（如增值税抵扣、所得税计算）是否符合《中华人民共和国增值税暂行条例》和《企业所得税法》。例如，案例中节能设备投资是否适用税收优惠目录。

会计准则对照：确认存货计价（实际成本法）、坏账准备计提（预期信用损失模型）等是否符合《企业会计准则》。

3. 业务合理性判断

行业基准比对：对比优化后的存货周转天数（75 天）、应收账款周转天数（45 天）是否接近汽车零部件制造业平均水平（参考行业报告）。

敏感性分析：测试关键变量（如原材料价格波动 ±2%）对利润的影响，确保方案具备抗风险能力。

4. 专家复核

内部审核：由企业财务、法务团队复核方案的落地可行性（如供应商谈判难度、ERP 系统实施成本）。

外部验证：委托第三方审计机构对账务处理流程和税务合规性进行独立评估。

示例验证：

针对案例中的"存货释放资金 2 000 万元"，需验证公式 2 亿元 × （90–75）/90=0.2 亿元 2 亿元 × （90–75）/90=0.2 亿元的计算准确性，并确认存货减少是否与生产计划调整的实际能力匹配。

第七章

流程优化引擎：比你做得更好

本章深度解析账务处理、内控合规、预算编制等核心场景，揭秘自动化数据工厂如何秒级生成报表、智能风险预警如何防患未然、多维分析如何驱动战略决策。从手工录入到智能驱动，从被动应对到主动优化，效率跃升，风险归零，战略赋能——财务数字化转型从此与众不同！

7.1 账务处理流程制定

◈ 案例概述

5 000 万元营业额的公司，如何设计一套清晰、准确且合规的财务流程，确保从销售到税务申报的每一步都无缝衔接？

XYZ 制造有限公司是一家年营业额 5 000 万元的制造企业，财务部门需制定符合《企业会计准则》和《中华人民共和国会计法》的账务处理流程。任务包括：设计销售、采购、费用报销等日常业务的账务处理步骤，明确月末结账的折旧、工资、成本结转等操作，规范税务申报和年度审计流程。要求流程清晰、数据准确（如销售金额100 万元、增值税 13 万元等），并符合当前法律法规（如增值税税率13%、企业所得税税率 25%）。

◈ 如何编写高效提示词

"请为一家年营业额 5 000 万元的制造企业设计账务处理流程，包括销售（单笔 100 万元，增值税 13 万元）、采购（单笔 50 万元，增值税 6.5 万元）、费用报销（单笔 1 万元）、月末结账（设备折旧 5万元、工资 80 万元）、税务申报（增值税 6.5 万元、附加税 0.78 万元）和年度审计流程。要求符合《企业会计准则》和《中华人民共和国会计法》，并提供具体数字和会计分录。"

◈ DeepSeek 回复

一、日常业务处理

1. 销售业务（单笔示例）

场景：销售电子产品 100 万元（不含税），增值税率 13%。

会计分录：

借：应收账款   1 130 000

  贷：主营业务收入   1 000 000

    应交税费——应交增值税（销项税额） 130 000

合规要点：增值税专用发票需在开票后 24 小时内上传至税务系统（金税四期要求）

2. 采购业务（单笔示例）

场景：采购原材料 50 万元（不含税），增值税 6.5 万元。

会计分录：

借：原材料   500 000

  应交税费——应交增值税（进项税额） 65 000

  贷：应付账款   565 000

合规要点：需验证供应商发票真伪（全国增值税发票查验平台）

3. 费用报销（单笔示例）

场景：员工报销差旅费 1 万元（含增值税普通发票）。

会计分录：

借：管理费用——差旅费   10 000

  贷：其他应收款——员工   10 000

二、月末结账流程

1. 固定资产折旧

场景：设备原值 1 000 万元，月折旧率 0.5%。

会计分录：

借：制造费用——折旧费   50 000

  贷：累计折旧   50 000

2. 工资计提与发放

场景：应付工资总额 80 万元，社保公积金单位部分 20 万元。

会计分录：

借：管理费用——工资   800 000

    贷：应付职工薪酬   800 000

借：应付职工薪酬   200 000

    贷：其他应付款——社保公积金   200 000

3. 成本结转

场景：当月生产成本 300 万元

会计分录：

借：库存商品   3 000 000

    贷：生产成本   3 000 000

合规要点：成本核算需采用实际成本法（《企业会计准则第 1 号——存货》）

三、税务申报

增值税申报

计算：销项税 130 000 - 进项税 65 000= 应纳税额 65 000 元。

附加税：65 000×12%=7 800 元（城建税 7%+ 教育费附加 3%+ 地方教育附加 2%）。

企业所得税预缴

计算：季度利润 200 万元 ×25%=500 000 元（《中华人民共和国企业所得税法》第 4 条）。

四、年度审计要求

财务报表编制：

资产负债表（资产总额需包含 500 万元存货、1 000 万元固定资产）。

利润表（年收入 5 000 万元，费用 4 300 万元）

现金流量表（经营活动现金流不低于 800 万元）

审计重点：

应收账款账龄分析（超 1 年账款需计提坏账准备）

固定资产折旧方法一致性检查

五、风险控制

发票管理：专票需通过"增值税发票综合服务平台"确认用途

档案管理：会计档案的保管期限分为永久、定期两类，定期保管期限一般分为 10 年和 30 年。（《会计档案管理办法》第 14 条）

数据校验：每月执行"资产负债表－利润表－现金流量表"勾稽关系校验

执行效果

效率提升：流程标准化后，月度结账时间从 7 天缩短至 3 天

合规保障：通过自动化校验，税务申报准确率达 99.8%

决策支持：可实时生成成本分析报告（直接材料占比 45%、制造费用占比 30%）

◈ 如何验证结果

1. 数据核对

检查会计分录是否与原始凭证（如发票、合同、银行回单）一致。例如，销售业务 100 万元是否对应增值税 13 万元。

核对总账与明细账余额是否一致，确保账务数据准确。

2. 流程合规性检查

确认流程是否符合《企业会计准则》和《中华人民共和国会计法》。例如，折旧计提是否符合税法规定的最低年限。

检查税务申报数据是否与账务数据一致，如增值税销项税额 130 000 元是否与申报表一致。

3. 系统与人工复核

使用财务软件自动校验报表勾稽关系（如资产负债表与利润表）。

由财务经理或审计人员进行人工抽查，确保流程执行无误。

7.2　内控流程制定

◈ 案例概述

如何在年营业额 2 亿元的制造企业中，设计一套既合规又高效的财务内控流程？

XYZ 制造有限公司是一家年营业额约 2 亿元的中型制造企业，员工 300 人，主要生产工业机械设备。公司计划优化内控流程，特别是账务处理流程，以确保财务数据的准确性、合规性，并防范财务风险。具体要求包括：

1. 销售收款流程需确保合同金额与发票金额一致，收款差异超过 5% 需查明原因。

2. 采购付款流程需实现采购合同、发票、入库单三单一致，付款金额超过 10 万元需双重审批。

3. 费用报销流程需确保发票真实有效，报销金额超过 5 000 元需双重审批。

4. 固定资产管理流程需每年盘点，确保账实相符，处置需经总经理审批。

5. 月末结账流程需确保银行对账无差异，税费计提符合最新税务法规。

目标是制定符合《企业会计准则》《中华人民共和国增值税暂行条例》等法律法规的内控流程，并确保流程可执行、可监督。

◈ 如何编写高效提示词

"请为 XYZ 制造有限公司制定一套符合《企业会计准则》《中华

人民共和国增值税暂行条例》的内控流程，重点包括销售收款、采购付款、费用报销、固定资产管理和月末结账流程。具体要求如下：

1. 销售收款流程需确保合同金额与发票金额一致，收款差异超过5% 需查明原因；

2. 采购付款流程需实现采购合同、发票、入库单三单一致，付款金额超过 10 万元需双重审批；

3. 费用报销流程需确保发票真实有效，报销金额超过 5 000 元需双重审批；

4. 固定资产管理流程需每年盘点，处置需经总经理审批；

5. 月末结账流程需确保银行对账无差异，税费计提符合最新税务法规。

6. 请提供详细流程、关键控制点及执行监督机制。"

◇ **DeepSeek 回复**

XYZ 制造有限公司内控流程设计方案

（符合《企业会计准则》《中华人民共和国增值税暂行条例》等法规）

一、销售收款流程

流程步骤：

1. 销售合同签订后，24 小时内将合同信息录入 ERP 系统，系统自动生成合同编号；

2. 财务部门依据合同金额开具增值税专用发票（误差率≤ 0.1%），并通过税控系统验证发票信息；

3. 客户付款后，财务人员核对银行流水（每日 17:00 前完成当日到账确认），差异超过 5% 时需在 2 个工作日内提交《差异分析报告》；

4. 应收账款核销需关联合同、发票、银行回单三要素，系统自动生成凭证；

5. 每月 5 日前完成销售部门与财务部门的应收账款对账，差异需在 3 个工作日内调整。

关键控制点：

合同与发票金额强制系统匹配（偏差 ≥ 1 元触发预警）；

收款差异超 5% 时冻结该客户后续交易权限，直至差异解决；

对账结果需销售总监与财务总监双签确认。

二、采购付款流程

流程步骤：

1. 采购申请需附《比价单》（至少 3 家供应商报价），10 万元以上采购需附《招标备案表》；

2. 付款前核验三单一致性：合同金额、发票金额、入库数量误差 ≤ 2%；

3. 付款审批权限：

1 万 –10 万元：采购经理 + 财务经理双批；

10 万 –50 万元：增加财务总监审批；

50 万元以上：增加总经理审批；

4. 应付账款账期严格控制在 45 天内（超期需支付违约金）；

5. 每月 8 日前完成供应商对账，差异需在 3 个工作日内调整。

关键控制点：

ERP 系统设置三单自动勾稽功能（允许偏差 ≤ 2%）；

付款审批链需完整记录操作人、审批时间、IP 地址；

超期应付账款每日计提 0.05% 资金占用费（计入供应商评级）。

三、费用报销流程

流程步骤：

1. 员工通过移动端上传发票原件（需拍摄四角齐全的彩色照片），系统自动 OCR 识别校验真伪；

2. 费用标准管控：

差旅费：一线城市住宿费 ≤ 600 元 / 天，交通费实报实销；

业务招待费：单次 ≤ 3 000 元，年度总额 ≤ 营收的 0.5%；

3. 审批权限：

5 000 元以下：部门经理审批；

5 000-2 万元：增加财务总监审批；

2 万元以上：增加总经理审批；

4. 报销款支付需关联预算科目，超预算部分需单独说明并扣减下期预算。

关键控制点：

电子发票需通过国家税务总局平台验真（唯一校验码核验）；

业务招待费需附《招待对象清单》及事由说明；

年度费用超预算 5% 时自动触发预算调整审批。

四、固定资产管理流程

流程步骤：

1. 采购审批：

单件 ≥ 5 万元或批次 ≥ 20 万元的资产采购需经总经理办公会决议；

2. 资产登记：

验收后 48 小时内录入资产管理系统，生成唯一 RFID 标签；

3. 折旧计提：

机械设备按直线法折旧，期限为 10 年（残值率 5%），电子设备采用加速折旧法，期限为 3 年；

4. 年度盘点：

每年 12 月 25 日启动全盘，账实差异率需 ≤ 0.3%；

5. 资产处置：

报废需经技术部门鉴定，处置收益需按《中华人民共和国企业国有资产法》上缴。

关键控制点：

资产标签需包含采购日期、责任人、存放地点等 9 项信息；

盘点差异超 0.5% 时启动专项审计；

处置审批单需附加盖公章的资产评估报告。

五、月末结账流程

流程步骤：

1. 每月最后 1 个工作日 17:00 冻结财务系统；

2. 银行对账：

通过银企直连系统自动对账，差异需在次月 3 日前调整；

3. 税费计提：

增值税按实际税负率计提（2023 年制造业平均税负率 3.8%）；

企业所得税按季度预缴（利润总额的 25%）；

4. 报表编制：

次月 5 日前生成三表（资产负债表、利润表、现金流量表）；

5. 财报审核：

财务总监审核后，需在财报首页手写签批"已复核无异常"。

关键控制点：

结账后系统自动生成《关账检查清单》（包含 58 个校验点）；

增值税申报表与账面差异需 ≤ 0.1%；

财报披露前需通过税务师事务所合规性审查。

执行监督机制：

1. 数字化监控：

ERP 系统设置 187 个内控风险预警指标（如：发票未验真、三单不匹配等），实时推送预警；

2. 三级审计体系：

部门自查（月度）：重点检查 5% 高风险交易；

内审部抽查（季度）：覆盖率 ≥ 30%；

外部年审：聘请会计师事务所进行穿透式审计；

3. 绩效考核：

将内控执行情况纳入 KPI（权重 20%），年度内控违规 ≥ 3 次者取消晋升资格；

4. 法规更新机制：

每季度由法务部更新《内控合规手册》，系统自动同步最新税务参数。

（注：所有流程均通过国家税务总局电子税务局、金税四期系统进行合规性验证）

◈ 如何验证结果

1. 法律法规合规性验证

对照《企业会计准则》《中华人民共和国增值税暂行条例》等法规，检查流程中的税费计提、发票管理、资产处置等环节是否符合最新规定。

使用国家税务总局电子税务局或金税四期系统，验证增值税、企业所得税等税务处理是否合规。

2. 逻辑一致性验证

检查流程之间的逻辑衔接是否合理，如销售收款与应收账款核销、采购付款与应付账款管理的关联性。

确认关键控制点（如三单一致、双重审批）是否覆盖所有高风险环节。

3. 数据准确性验证

使用模拟数据测试流程，如输入合同金额 100 万元，检查发票金额、收款核销等环节是否准确无误。

验证系统预警功能（如收款差异超 5% 触发冻结）是否有效运行。

4. 实务可行性验证

邀请财务、采购、销售等部门负责人评审流程，确认是否符合实际业务需求。

检查流程执行时间（如月末结账冻结时间）是否合理，是否影响业务连续性。

5. 外部审计验证

聘请第三方审计机构对流程进行合规性审查，出具审计报告。

7.3　内控流程优化

◇ 案例概述

案例：XX 连锁超市有限公司（2024 年）

企业情况：

行业：零售业，年营收 8 亿元，员工 800 人，全国 50 家门店。

财务特点：现金交易多、库存周转快（目标 30 天）、税务合规风险高。

财务内控流程：

1. 采购与库存

采购订单需系统自动比价，超预算 5%（单店月预算 200 万元）需区域经理审批；

每日盘点差异率 ≤ 0.5%，损耗超限部分由店长承担（2023 年损耗率降至 0.3%，节省成本 150 万元）。

2. 收银与资金

收银系统直连税务平台，电子发票开具率 100%；

门店现金每日 16:00 前存入银行，总部资金池实时监控（账户偏差超 5 000 元触发预警）。

3. 税务与审计

每月增值税申报由总部统一处理，进项税认证率 ≥ 98%（2023 年节税 65 万元）；

内部审计每季度覆盖 20% 门店，外部年审无重大违规。

成效：库存周转天数从 45 天降至 30 天，2023 年税务稽查零处罚，财务差错率 < 0.05%。

◇ 如何编写高效提示词

"基于某连锁超市（年营收 8 亿元、50 家门店）的以下数据：单店月采购预算 200 万元（超 5% 需审批）、库存损耗率 0.3%、现金存款偏差 ≤ 5 000 元，请设计一套财务内控优化方案，要求：

通过自动化工具降低采购超支风险；

实现资金流水与税务发票 100% 实时匹配；

确保方案符合《中华人民共和国会计法》第 27 条，并给出量化效果预测（如节税金额、周转天数）。"

◇ DeepSeek 回复

1. 采购优化

部署智能比价系统，超预算 5% 时自动冻结订单并推送审批（预计减少超支 20%）；

2. 资金监控

银行账户 API 直连总部，偏差超 5 000 元时短信通知财务总监；

3. 税务合规

进项税 OCR 识别 + 自动认证，确保 15 日内完成（合规率提升至 99%，年节税预估 70 万元）。

◈ 如何验证结果

1. 数据真实性

核对系统日志（如比价记录、税务认证时间戳）；

2. 法规符合性

对照《中华人民共和国增值税暂行条例》逐项检查发票匹配逻辑；

3. 效果量化

对比优化前后 KPI（如库存周转天数、损耗率）；

4. 第三方审计

聘请会计师事务所出具内控有效性报告。

7.4 预算流程制定

◈ 案例概述

"如何为一家年营业额 1 亿元的制造企业制定科学、合规的预算流程，并确保净利润 1 800 万元的目标顺利达成？"

XYZ 制造有限公司是一家年营业额约 1 亿元的中型制造企业，计划制定 2024 年度预算流程。具体要求包括：销售预算 1.2 亿元，生产成本 7 000 万元，采购成本 5 000 万元，人力成本 1 200 万元，总支出 1.02 亿元，净利润 1 800 万元。预算需符合《中华人民共和国会计法》《企业会计准则》及税法规定，涵盖销售、生产、采购、人力等部门，并明确预算编制、审批、执行、调整和考核流程。任务是制定详细的预算流程和账务处理方案，确保数据准确、流程合规。

◈ 如何编写高效提示词

"请为一家年营业额1亿元的制造企业制定2024年度预算流程，具体要求如下：销售预算1.2亿元，生产成本7000万元，采购成本5000万元，人力成本1200万元，总支出1.02亿元，净利润1800万元。预算需涵盖销售、生产、采购、人力等部门，并明确预算编制、审批、执行、调整和考核流程。同时，提供详细的账务处理方案，确保符合《中华人民共和国会计法》《企业会计准则》及税法规定。请分步骤详细说明预算流程和账务处理的具体操作，并确保数据准确性和流程合规性。"

◈ DeepSeek 回复

一、预算流程制定

1. 预算编制阶段（每年10月）

参与部门：销售部、生产部、采购部、人力资源部、财务部

操作步骤：

销售预算：销售部根据市场调研和历史数据（2023年销售额1亿元），制定2024年销售预算1.2亿元（同比增长20%），按季度分解为3000万元/季度。

生产预算：生产部根据销售预算，规划年度产量，预计原材料成本4500万元、直接人工成本1500万元、制造费用1000万元，总生产成本7000万元。

采购预算：采购部结合生产计划（原材料需求5000万元），签订年度供应商协议，分批次采购以控制现金流。

人力预算：人力资源部根据生产扩张需求，新增10名员工，年度工资及社保总额1200万元。

财务汇总：财务部整合数据，编制总预算表（收入1.2亿元，总支出1.02亿元，净利润1800万元），并确保数据勾稽关系（如：收

入 – 成本 – 费用 = 净利润）。

合规要点：

预算数据需基于实际经营计划，避免虚增或隐瞒。

成本分摊需符合《企业会计准则》第 1 号"存货"规定，区分直接材料、人工和制造费用。

2. 预算审批阶段（每年 11 月）

流程：

部门提交预算草案 → 财务部初审（核对数据逻辑性）→ 总经理办公会审议（修正不合理项）→ 董事会终审（批准后生效）。

合规要点：

审批记录需存档备查。

3. 预算执行阶段（全年）

操作步骤：

财务部将预算按月分解（如销售预算 1 000 万元 / 月），通过 ERP 系统实时监控支出。

各部门每月 5 日前提交预算执行报告，财务部编制差异分析表（如实际采购成本超支 5%，需说明原因）。

合规要点：

资金支付需符合预算科目，禁止挪用。

4. 预算调整阶段（每年 7 月）

触发条件：市场波动导致上半年销售额仅完成 5 000 万元（原计划 6 000 万元）。

操作步骤：

销售部申请下调年度销售目标至 1 亿元 → 生产部同步缩减采购计划至 4 000 万元 → 财务部重新测算净利润（调整后 1 400 万元）→ 董事会审批后执行。

合规要点：

调整幅度超过原预算 20% 的，需重新履行审批程序（《企业会计准则第 28 号——会计政策变更》)。

5. 预算考核阶段（次年 1 月）

操作步骤：

财务部编制年度预算执行报告（实际净利润 1 750 万元，达成率 97.2%)。

绩效考核：销售部因超额完成目标奖励 3% 年薪，采购部因成本节约奖励 2%。

合规要点：

考核结果需与《中华人民共和国劳动合同法》衔接，避免薪酬争议。

二、账务处理方案

1. 收入确认

依据：根据销售合同约定，在设备交付客户签收后确认收入（《企业会计准则第 14 号——收入》)。

分录示例：

借：应收账款　　　　　　　　　　　　　1.2 亿

　　贷：主营业务收入　　　　　　　1.06 亿（不含税）

　　　　应交税费 - 应交增值税（销项税额）0.14 亿（税率 13%)

2. 成本核算

分摊规则：直接材料按工单归集，制造费用按机器工时分配（《企业会计准则第 1 号——存货》)。

分录示例：

借：生产成本 - 直接材料　　　　　　　4 500 万

　　生产成本 - 直接人工　　　　　　　1 500 万

　　制造费用　　　　　　　　　　　　1 000 万

　　贷：原材料　　　　　　　　　　　4 500 万

　　　　应付职工薪酬　　　　　　　　1 500 万

　　　　累计折旧 / 其他应付款　　　　1 000 万

3. 税务处理

增值税：按月申报销项税额，进项税额抵扣需取得合规发票。

企业所得税：按季度预缴（净利润 1 800 万元 ×25%=450 万元），年终汇算清缴。

三、合规性保障措施

内控机制：财务部与业务部门每月对账，确保账实相符。

审计支持：年度聘请第三方审计机构核查预算执行与账务合规性。

系统工具：使用金蝶 ERP 系统实现预算编制、执行、分析的全程数字化管理。

输出结果：通过上述流程，企业可确保预算编制科学、执行可控、调整灵活，同时账务处理完全符合《中华人民共和国会计法》《企业会计准则》及税法要求，最终实现净利润目标 97.2% 的达成率（实际 1 750 万元）。

◈ 如何验证结果

1. 数据准确性验证

核对预算数据（如销售预算 1.2 亿元、生产成本 7 000 万元等）是否与输入要求一致。

检查净利润计算逻辑（收入 1.2 亿元 – 总支出 1.02 亿元 = 净利润 1 800 万元）是否正确。

2. 流程合规性验证

确认预算流程（编制、审批、执行、调整、考核）是否符合《中华人民共和国会计法》和《企业会计准则》要求。

检查账务处理（收入确认、成本分摊、税务处理）是否符合税法规定（如增值税 13% 税率、企业所得税 25% 税率）。

3. 逻辑一致性验证

确保预算编制与账务处理逻辑一致（如生产成本 7 000 万元与采购成本 5 000 万元的勾稽关系）。

检查预算调整流程是否合理（如销售额未达标时，是否按比例调整采购和生产计划）。

4. 实务可行性验证

结合企业实际运营情况，评估预算执行和账务处理方案是否具备可操作性。

确认考核机制（如销售部超额奖励 3%）是否符合企业薪酬政策。

7.5 现金流管理方案制定

◇ 案例概述

"现金流吃紧，如何让应收账款'快进'、应付账款'慢放'，库存'瘦身'，轻松实现每月 500 万元现金储备？"

XYZ 制造有限公司是一家年营业额约 1 亿元人民币的工业机械设备制造商，面临应收账款周期长（90 天）、应付账款周期短（60 天）及库存周转慢（45 天）导致的现金流压力。企业希望通过优化现金流管理，缩短应收账款周期至 60 天，延长应付账款周期至 75 天，并减少库存周转天数至 30 天，同时确保每月有 500 万元现金储备。

要求基于当前法律法规，制定详细的现金流管理方案，包括应收账款、应付账款、库存管理及短期流动性管理的具体措施和账务处理流程，并提供预期效果和合规性分析。

◈ 如何编写高效提示词

"请为 XYZ 制造有限公司制定现金流管理方案，目标将应收账款周期从 90 天缩短至 60 天，应付账款周期从 60 天延长至 75 天，库存周转天数从 45 天减少至 30 天，并确保每月 500 万元现金储备。方案需包括应收账款、应付账款、库存管理及短期流动性管理的具体措施、账务处理流程、预期效果及合规性分析，符合《中华人民共和国合同法》《企业会计准则》等法律法规。"

◈ DeepSeek 回复

XYZ 制造有限公司现金流管理方案

（符合《中华人民共和国合同法》《企业会计准则》等法律法规）

一、应收账款管理

目标：缩短周期至 60 天，释放资金约 1 000 万元。

具体措施：

1. 信用分级与预付款要求

对客户进行信用评级（A/B/C 级），C 级客户需支付 30% 预付款（预计覆盖 20% 订单，减少风险敞口 300 万元）。

信用较差客户账期缩短至 45 天（覆盖 10% 订单）。

2. 提前付款激励

对 A/B 级客户提供 "2/30，net 60" 折扣（30 天内付款享受 2% 折扣，超过 30 天，在 60 天内付款，不予折扣），预计提升 30% 客户提前付款（释放资金 500 万元）。

3. 应收账款保理

将 600 万元应收账款通过银行保理转让（保理费率 2%），提前获得 480 万元现金，符合《商业银行保理业务管理暂行办法》。

4. 催收流程

逾期 30 天启动催收程序，逾期 60 天移交法律部门，账务处理中计提坏账准备（按 5% 比例计提）。

二、应付账款管理

目标：延长周期至 75 天，减少短期流出 500 万元。

具体措施：

1. 供应商协商

与占采购额 70% 的 3 家核心供应商协商，将账期从 60 天延长至 75 天（以未来 3 年订单量增长 10% 为条件）。

2. 分期付款

对单笔超 100 万元的采购合同，采用"30% 预付款 +40% 货到付款 +30% 验收后 45 天支付"模式（延缓支出 200 万元）。

3. 商业承兑汇票

对非紧急采购使用 6 个月期商业承兑汇票支付（占应付账款 20%），符合《支付结算办法》。

三、库存管理

目标：周转天数降至 30 天，释放资金 300 万元。

具体措施：

1. JIT 生产模式

与 5 家核心供应商签订 JIT 协议，按周交付原材料（减少库存占用 150 万元）。

2. 动态采购调整

基于 ERP 系统销售预测，动态调整采购量（偏差率控制在 ±10% 内）。

3. 滞销库存清理

对账龄超 90 天的 200 万元滞销库存，以 85 折促销（回笼资金 170 万元，增值税按 13% 正常申报）。

四、短期流动性管理

目标：确保每月现金储备不低于 500 万元。

具体措施：

1. 滚动现金预算

按月编制 3 期滚动预算（误差率 <5%），预留 10% 应急资金（50 万元）。

2. 票据贴现融资

对 500 万元未到期银行承兑汇票贴现（贴现利率 5%，融资成本 25 万元），符合《中华人民共和国票据法》。

3. 非必要支出管控

暂停非核心设备采购（节省 80 万元），延迟办公室装修（节省 50 万元）。

五、账务处理流程（摘要）

模块	关键步骤
应收账款	合同签订→系统记账→账期跟踪→坏账计提→回款核销
应付账款	采购验收→票据签发→分期付款→到期支付
库存	采购入库→生产领用→成本结转→滞销计提→销售出库
现金流	预算编制→银行对账→融资记账→支出审批→储备监控

六、预期效果与合规性

指标	改进前	目标值	释放资金	合规依据
应收账款周期	90 天	60 天	1 000 万元	《商业银行保理业务管理暂行办法》
应付账款周期	60 天	75 天	500 万元	《中华人民共和国合同法》第 62 条
库存周转天数	45 天	30 天	300 万元	《企业会计准则第 1 号——存货》
现金储备	波动	500 万元 / 月	——	《现金管理暂行条例》

七、执行风险提示

客户流失风险：信用政策调整可能导致 5% 低信用客户流失，需同步拓展新客户填补缺口。

供应商反弹：若延长账期未兑现订单增长承诺，或面临 2% 采购价上涨。

　　法律合规：保理业务需确保基础交易真实，避免被认定为"虚假应收账款"（依据《民法典》第 761 条）。

　　本方案实施后，XYZ 公司预计 3 个月内可改善现金流 1 800 万元，综合资金成本下降 3.5%，符合中国现行法律法规要求。

◈ 如何验证结果

　　1. 数据逻辑核验

　　计算合理性：检查方案中关键数据的推导过程（如应收账款缩短 30 天释放 1 000 万元资金）。通过公式验证：

　　释放资金 = 年营业额 ×（原周期 – 目标周期）/ 365

　　代入数据：1 亿元 ×（90−60）/ 365 ≈ 821 万元，与方案中"1 000 万元"存在差异，需结合保理和折扣措施补充解释。

　　2. 措施可行性验证

　　行业对标：比对同行业企业（如机械制造业）的应收账款周期（普遍 60–75 天）、库存周转天数（30–40 天），确认目标值符合行业实际。

　　成本收益分析：例如保理费用 2% vs 贴现利率 5%，需评估综合资金成本是否低于企业加权平均资本成本（WACC）。

　　3. 法律合规性审查

　　条款对照：核验措施与具体法律条文的匹配性。例如：

　　应收账款保理需符合《中华人民共和国民法典》第 761 条"保理合同"定义，且基础交易真实。

　　应付账款延长需满足《中华人民共和国合同法》第 62 条"履行期限不明确的，债务人可随时履行"。

　　4. 流程模拟测试

　　账务沙盘推演：模拟实施催收、分期付款等流程，检查财务系统能否支持。

压力测试：假设客户流失率 10% 或库存清理进度延迟 20%，评估现金流缺口风险。

5. 专家复核

财务顾问意见：由第三方审计机构验证资金释放规模及税务处理（如滞销库存折扣的增值税合规性）。

法律顾问确认：确保商业承兑汇票、保理业务不涉及"虚假贸易背景"等违规行为。

结论：通过数据重算、行业对标、法律条文逐项核对及流程模拟，可验证方案中 90% 以上内容的合理性与合规性，剩余风险点（如客户流失）需补充应对预案。

提示：若需深度验证，建议结合企业实际数据（如客户账龄表、供应商合同模板）进行局部试点，再逐步推广。

7.6 成本控制方案制定

◈ 案例概述

"如何通过精准的成本控制，让一家制造企业多赚 360 万元？"

XYZ 制造有限公司是一家电子元器件制造企业，希望通过成本控制生产成本降低 5%。当前成本结构为：原材料 6 000 万元 / 年、人工 3 000 万元 / 年、制造费用 2 000 万元 / 年、其他费用 1 000 万元 / 年。企业需要制定一套符合当前法律法规的成本控制方案，包括原材料采购优化、生产效率提升、能源管理改进等具体措施，并设计相应的账务处理流程，确保成本核算准确、预算执行可控。

◈ 如何编写高效提示词

"XYZ 制造有限公司是一家电子元器件制造企业，员工 300 人。当前成本结构为：原材料 6 000 万元 / 年、人工 3 000 万元 / 年、制造费用 2 000 万元 / 年、其他费用 1 000 万元 / 年。请制定一套成本控制方案，目标为降低生产成本 5%（600 万元）。方案需包括原材料采购优化、生产效率提升、能源管理改进等具体措施，并提供详细的账务处理流程，确保符合《中华人民共和国企业所得税法》《中华人民共和国劳动法》《中华人民共和国环境保护法》等法律法规。请提供具体数字、可操作的实施步骤及合规性说明。"

◈ DeepSeek 回复

成本控制方案及账务处理流程

（符合中国法律法规，数据精确且可操作）

一、成本控制措施与预期效果

1. 原材料采购优化（目标：降低 300 万元）

供应商谈判与集中采购：与核心供应商签订长期协议，通过规模采购降低单价 3%（180 万元）。

库存精细化管理：引入 JIT（准时制）和 ABC 分类法，减少库存积压资金占用，降低库存成本 2%（120 万元）。

合规性：符合《中华人民共和国合同法》及《中华人民共和国企业所得税法》中关于采购成本税前扣除的规定。

2. 人工成本控制（目标：降低 120 万元）

技能培训与流程优化：通过多能工培训减少生产环节浪费，降低人工成本 2%（60 万元）。

自动化设备引入：投资 200 万元购置自动化生产线，减少 10 名操作工，年节省人力成本 30 万元，设备折旧按 5 年分摊（符合税法加速折旧政策）。

加班管控：优化排班制度，减少无效加班，节省加班费 1%（30 万元）。

合规性：加班工资标准符合《中华人民共和国劳动法》第 41-44 条，设备采购享受企业所得税"研发费用加计扣除"。

3. 制造费用压缩（目标：降低 120 万元）

节能改造：更换 LED 照明和变频电机，年节省电费 80 万元（符合《中华人民共和国环境保护法》节能要求）。

设备预防性维护：通过物联网监测设备状态，减少故障停机时间 20%，维护成本降低 40 万元。

4. 其他费用优化（目标：降低 20 万元）

差旅费管控：推行线上会议制度，差旅费压缩 10%（10 万元）。

办公无纸化：采用电子审批系统，办公费用降低 10%（10 万元）。

二、账务处理流程设计

1. 分项核算规则

原材料成本：按采购订单号匹配发票与入库单，月末加权平均法计价（符合《企业会计准则第 1 号——存货》）。

人工成本：工资表与个税申报系统数据联动，确保社保公积金计提比例符合《中华人民共和国社会保险法》。

制造费用：按工时比例分摊至产品，能源费用单独列支以匹配节能补贴政策。

2. 预算与执行管控

每月 5 日前生成《成本执行差异分析表》，超预算 5% 以上的项目需提交整改说明（符合《企业内部控制基本规范》）。

费用报销需附电子审批流程截图，确保"三单一致"（合同、发票、验收单）。

3. 合规性保障

自动化设备采购合同明确约定增值税专用发票开具条款（保障

13% 进项税抵扣)。

供应商黑名单机制：禁止与环保处罚企业合作 (符合《中华人民共和国环境保护法》第 59 条)。

三、方案实施效果

总成本降低：300 (原材料) +120 (人工) +120 (制造) +20 (其他) =560 万元 / 年

补充措施：通过工艺优化减少废品率 1%，额外节省 40 万元，最终达成总目标 600 万元 / 年 (占原成本 5%)。

四、法规依据清单

1.《中华人民共和国企业所得税法》第 30 条 (研发费用加计扣除)。

2.《中华人民共和国劳动法》第 41-44 条 (加班工资与工时制度)。

3.《中华人民共和国环境保护法》第 59 条 (企业环保责任)。

4.《企业会计准则第 1 号——存货》(成本核算方法)。

注：本方案通过分项合规设计，确保企业享受政策红利 (如节能补贴、税收优惠) 的同时规避法律风险。

◈ 如何验证结果

1. 数据准确性验证

核对 DeepSeek 提供的成本降低目标 (600 万元) 是否与原始数据 (1.2 亿元成本) 的 5% 一致。

检查分项措施 (如原材料、人工、制造费用) 的预期节省金额是否合理且总和达标。

2. 措施可行性验证

评估措施是否符合企业实际：如供应商谈判是否可行、自动化设备投资回报率是否合理。

确认措施是否具备可操作性：如节能改造是否适配现有生产线、培训计划是否可落地。

3. 合规性验证

对照《中华人民共和国企业所得税法》《中华人民共和国劳动法》《中华人民共和国环境保护法》等法规，确认账务处理流程、成本核算方法、设备采购政策是否符合要求。

检查是否遗漏关键法规（如《中华人民共和国社会保险法》中社保公积金计提比例）。

4. 逻辑一致性验证

确认方案逻辑是否自洽：如成本降低目标与利润率提升目标是否匹配。

检查账务处理流程是否与成本控制措施无缝衔接。

5. 外部专家审核

邀请财务、法律、生产管理专家对方案进行评审，确保专业性和实用性。

第八章

智能沟通平台：业财协同新模式

传统业财沟通壁垒重重？DeepSeek 以 AI 搭建智能桥梁！本章深度解析自动化报表、实时数据同步、跨部门协同等创新场景，揭秘如何通过智能平台打破信息孤岛，实现业财深度融合。从手工报表到秒级洞察，从部门孤岛到数据共生，效率提升，决策精准度飞跃——财务转型从此进入"协同作战"新时代！

8.1　财务邮件编写

◈ 案例概述

"第三季度财务数据已出炉，如何快速编写一份合规、清晰的财务邮件？"

某科技有限公司是一家软件开发与信息技术服务企业，2023 年第三季度签订了 10 份合同，总金额为 1 200 000 元，其中已完成交付并确认收入的合同金额为 800 000 元。直接材料成本为 300 000 元，直接人工成本为 200 000 元，制造费用为 100 000 元。根据《企业会计准则》和《中华人民共和国企业所得税法》，需确认收入、核算成本、计提所得税，并编制资产负债表、利润表和现金流量表。任务要求：设计一份财务邮件，明确账务处理流程，确保符合法律法规，包含具体数字和操作细节，邮件需发送给财务负责人张财务，抄送李会计，发件人为王经理。

◈ 如何编写高效提示词

"请根据以下信息编写一份财务邮件：企业为某科技有限公司，2023 年第三季度收入 800 000 元，成本 600 000 元（直接材料 300 000 元，直接人工 200 000 元，制造费用 100 000 元），应纳所得税 50 000 元。邮件需符合《企业会计准则》和《中华人民共和国企业所得税法》，发送给张财务，抄送李会计，发件人为王经理，日期为 2023 年 10 月 15 日，主题为 '2023 年第三季度账务处理流程及财务报表编制'。邮件正文需包含收入确认、成本核算、税费计提、财务报表编制及提交时间等细节，确保数据准确、流程清晰。"

◇ **DeepSeek 回复**

收件人：张财务 finance@blueskytech.com

抄送：李会计 accounting@blueskytech.com

发件人：王经理 manager@blueskytech.com

日期：2023 年 10 月 15 日

主题：2023 年第三季度账务处理流程及财务报表编制

尊敬的张财务：

为确保 2023 年第三季度财务工作合规高效完成，请您按以下流程处理账务并编制报表，严格遵循《企业会计准则》和《中华人民共和国企业所得税法》要求：

1. 收入确认

合同金额：第三季度签订合同 10 份，总金额 1 200 000 元。

已确认收入：800 000 元（已完成交付并取得客户确认）。

账务处理：

借：应收账款　　　　　　　　　　　　　800 000

　　贷：主营业务收入　　　　　　　　　　　800 000

2. 成本核算

直接材料：300 000 元

直接人工：200 000 元

制造费用：100 000 元

总成本：600 000 元

账务处理：

借：主营业务成本　　　　　　　　　　　600 000

　　贷：存货　　　　　　　　　　　　　　600 000

3. 税费计提

应纳税所得额：800 000 元（收入）−600 000 元（成本）＝ 200 000 元

应纳所得税：200 000 元 ×25%=50 000 元

账务处理：

借：所得税费用   50 000

　　贷：应交税费——应交所得税   50 000

4. 财务报表编制

请根据上述数据编制以下报表：

资产负债表（需列示资产、负债及所有者权益）

利润表（需体现收入、成本、税费及净利润）

现金流量表（按经营活动、投资活动、筹资活动分类）

5. 提交时间

请于 2023 年 10 月 25 日前完成账务处理及报表编制，并将电子版发送至邮箱：manager@blueskytech.com。

注意事项

法规合规性：所有操作需符合《企业会计准则》第 14 号（收入）、第 1 号（存货）及《中华人民共和国企业所得税法》要求。

数据核对：确保收入、成本、税费数据与合同、发票及银行流水一致。

流程留痕：保留账务处理凭证及报表底稿备查。

如有疑问，请随时与我联系。

此致

王经理

某科技有限公司

电话：123-4567-8901

邮箱：manager@blueskytech.com

◈ 如何验证结果

1. 数据准确性验证

收入与成本核对：检查邮件中的收入（800 000 元）和成本

（600 000 元）是否与提供的原始数据一致，确保直接材料、直接人工和制造费用的拆分正确。

税费计算验证：确认应纳税所得额（200 000 元）和应纳所得税（50 000 元）的计算是否准确，税率是否符合《中华人民共和国企业所得税法》规定的 25%。

2. 法规合规性验证

收入确认：核对收入确认是否符合《企业会计准则第 14 号——收入》的规定，确保收入确认条件（如客户确认交付）已满足。

成本核算：检查成本核算是否符合《企业会计准则第 1 号——存货》的要求，确保直接材料、直接人工和制造费用的归集合理。

3. 逻辑与格式验证

账务处理逻辑：确认账务处理分录（如应收账款、主营业务收入、主营业务成本等）是否逻辑清晰、符合会计规范。

邮件格式与完整性：检查邮件是否包含收件人、发件人、日期、主题、正文等必要元素，内容是否条理清晰、易于理解。

4. 任务执行性验证

提交时间与任务要求：确认邮件中是否明确提交时间（2023 年 10 月 25 日）及任务细节（如报表编制要求），确保任务可执行。

通过以上步骤，可以全面验证 DeepSeek 输出的财务邮件是否符合要求，确保数据准确、法规合规、逻辑清晰且任务可执行。

8.2　审计说明撰写

◇ 案例概述

"如何快速完成一份数据翔实、合规的审计说明？以 XYZ 制造有限公司为例，揭秘高效审计流程！"

XYZ 制造有限公司是一家年营业额达 5 亿元人民币的电子产品制造企业，2022 年度净利润为 3 000 万元人民币。公司需要进行 2022 年度的财务报表审计，确保其账务处理符合中国企业会计准则（CAS）。具体要求包括：审计采购与应付账款（采购金额 2.5 亿元，应付账款期末余额 5 000 万元）、生产与存货管理（生产成本 1.8 亿元，期末存货余额 3 000 万元）、销售与应收账款（销售收入 5 亿元，应收账款期末余额 8 000 万元）以及费用与成本核算（销售费用 5 000 万元，管理费用 3 000 万元）。审计说明需包含具体数字、账务处理流程、审计发现与建议，并确保符合当前法律法规。

◈ 如何编写高效提示词

"请根据以下信息撰写一份 2022 年度审计说明：XYZ 制造有限公司，营业额 5 亿元，净利润 3 000 万元。核心数据包括：

1. 采购金额 2.5 亿元，应付账款 5 000 万元；

2. 生产成本 1.8 亿元，期末存货 3 000 万元；

3. 销售收入 5 亿元，应收账款 8 000 万元；

4. 销售费用 5 000 万元，管理费用 3 000 万元。请详细描述账务处理流程，提出审计发现与建议，并确保符合中国企业会计准则（CAS）及当前法律法规。"

◈ DeepSeek 回复

2022 年度审计说明（XYZ 制造有限公司）

一、企业基本情况

XYZ 制造有限公司成立于 2010 年，主营电子产品生产与销售，2022 年度实现营业收入 5 亿元，净利润 3 000 万元，员工 500 人。公司总部位于上海，拥有江苏、浙江两家生产基地，主要客户为国内知名电子品牌及部分海外客户。

二、审计目的与范围

目的：验证 2022 年度财务报表是否公允反映公司财务状况、经营成果及现金流量，并符合中国企业会计准则（CAS）及税法等法律法规。

范围：涵盖资产负债表、利润表、现金流量表及关键业务流程（采购、生产、销售、存货管理、应收账款管理）。

三、账务处理流程与核心数据

1. 采购与应付账款

流程：

采购部门根据生产计划生成采购订单；

仓库验收货物并录入入库单；

财务核对入库单与供应商发票（税率 13%），确认应付账款；

月末与供应商对账，确保账实一致。

数据：

采购金额：2.5 亿元（含增值税）。

应付账款期末余额：5 000 万元。

会计分录：

借：原材料库存　　　　　　　　221 238 938（不含税）

　　应交税费—应交增值税（进项税额）　　28 761 062

　　贷：应付账款　　　　　　　　　　250 000 000

2. 生产与存货管理

流程：

生产部门按销售订单制订生产计划；

仓库按领料单发放原材料；

成品入库后，财务按生产成本核算单（含直接材料、人工、制造费用）结转存货成本。

数据：

生产成本：1.8 亿元。

期末存货余额：3 000 万元（含原材料及产成品）。

会计分录：

借：生产成本　　　　　　　　　　　　　180 000 000

　　贷：原材料库存　　　　　　　　　　　180 000 000

借：库存商品　　　　　　　　　　　　　180 000 000

　　贷：生产成本　　　　　　　　　　　　180 000 000

3. 销售与应收账款

流程：

销售部门签订合同后生成销售订单；

仓库发货并录入出库单；

财务根据出库单及销售发票（税率 13%）确认收入及应收账款；

月末与客户对账，跟踪逾期账款。

数据：

销售收入：5 亿元（含增值税）。

应收账款期末余额：8 000 万元（账龄分析：1 年内占比 70%，1—2 年占比 30%）。

会计分录：

借：应收账款　　　　　　565 000 000（含税）

　　贷：主营业务收入　　　442 477 876（不含税）

　　　　应交税费—应交增值税（销项税额）　57 522 124

4. 费用与成本核算

流程：

各部门提交费用报销单，附发票及审批记录；

财务审核费用真实性及票据合规性（如增值税普通发票）；

月末按部门分摊费用。

数据：

销售费用：5 000 万元（含广告费、运输费等）。

管理费用：3 000 万元（含薪酬、折旧等）。

会计分录：

借：销售费用　　　　　　　　　　　50 000 000

　　管理费用　　　　　　　　　　　30 000 000

　　贷：银行存款 / 其他应付款　　　　　80 000 000

四、审计发现与建议

1. 审计发现

应收账款风险：

应收账款周转率 = 销售收入 / 平均应收账款 =5 亿 /8 000 万 =6.25 次，低于行业平均水平（8 次）；

账龄 1 年以上占比 30%，存在坏账风险。

存货积压：

存货周转率 = 销售成本 / 平均存货 =3.2 亿 /3 000 万 =10.67 次，部分原材料库存超安全存量 20%。

2. 改进建议

应收账款管理：

建立客户信用评级制度，对账龄超 90 天的客户暂停赊销；

按 CAS 规定计提坏账准备（如账龄 1 年内按 5%、1-2 年按 20% 计提）。

存货优化：

推行 JIT（准时制生产方式）采购，减少原材料库存积压；

定期盘点滞销品，计提存货跌价准备（按成本与可变现净值孰低法）。

五、审计结论

XYZ 制造有限公司 2022 年度财务报表在所有重大方面按照中国企业会计准则（CAS）编制，公允反映了公司财务状况及经营成果。审计中发现的问题已与管理层沟通，建议措施已纳入公司 2023 年度改进计划。

附注

本报告依据《中国注册会计师审计准则》编制；

数据来源：公司财务系统、采购合同、销售发票、银行对账单等原始凭证；

税率政策：2022 年增值税税率 13%，企业所得税税率 25%。

审计机构：×××会计师事务所

日期：2023 年 × 月 × 日

◈ 如何验证结果

1. 数据准确性验证

核对核心数据（如采购金额 2.5 亿元、销售收入 5 亿元）是否与输入一致，确保数据未遗漏或错误。

检查会计分录金额是否与提供的数据匹配（如应付账款 5 000 万元、应收账款 8 000 万元）。

2. 逻辑一致性验证

确认账务处理流程是否符合企业会计准则（CAS），如收入确认时点、存货计价方法（加权平均法）是否合规。

验证财务指标计算（如应收账款周转率、存货周转率）是否准确，公式是否正确应用。

3. 合规性验证

检查税率应用（增值税 13%、企业所得税 25%）是否符合 2022 年税法规定。

确认审计发现与建议是否符合 CAS 及《中国注册会计师审计准则》要求。

4. 语言与格式验证

检查报告结构是否完整（包括基本情况、账务处理、审计发现、结论等）。

确保语言表达清晰、专业，无语法或逻辑错误。

通过以上步骤，可全面验证 DeepSeek 输出结果的准确性、合规性及实用性。

8.3 多语言财务文件翻译校对

◈ 案例概述

"面对多语言财务文件，如何确保翻译和账务处理的准确性并符合国际会计准则？"

XYZ 国际有限公司是一家跨国贸易企业，业务覆盖欧洲、亚洲和北美，财务文件涉及英语、中文、法语和德语。公司需要将多语言财务文件（如采购订单、销售发票、银行对账单）翻译成英语，并确保翻译准确、符合 IFRS（国际财务报告准则）和 GAAP（通用会计准则）以及各国税务法规。例如，一份中文采购订单显示采购金额为人民币 100 000 元，增值税税率 13%；一份法语销售发票显示销售金额为 10 000 欧元，增值税税率 20%。任务要求：翻译校对文件，确保金额、税率、货币单位准确无误，并生成符合会计准则的账务处理分录。

◈ 如何编写高效提示词

"请将以下财务文件翻译成英语并校对：

1. 中文采购订单，金额人民币 100 000 元，增值税税率 13%；

2. 法语销售发票，金额 10 000 欧元，增值税税率 20%。确保翻译准确，金额、税率、货币单位无误，并生成符合 IFRS 准则的账务处理分录。输出格式：翻译文本＋会计分录。"

◇ **DeepSeek 回复**

翻译文本

1. 中文采购订单翻译（中文→英文）

Purchase Order

Order Number:CN-2023-001

Date:October 10 2023

Supplier:ABC Electronics Co., Ltd.

Buyer:XYZ International Ltd.

Amount:CNY 100 000.00

VAT Rate:13%

Total Amount（Including VAT）:CNY 113 000.00

2. 法语销售发票翻译（法语→英文）

Sales Invoice

Invoice Number:FR-2023-456

Date:October 15 2023

Seller:XYZ International Ltd.

Buyer:Tech Solutions Europe

Amount:EUR 10 000.00

VAT Rate:20%

Total Amount（Including VAT）:EUR 12 000.00

会计分录（符合 IFRS 准则）

1. 中文采购订单账务处理

Dr. Inventory（CNY 100 000.00）

记录采购商品成本

Dr. Input VAT（CNY 13 000.00）

记录增值税进项税额（13%）

Cr. Accounts Payable（CNY 113 000.00）

记录应付供应商总额

2. 法语销售发票账务处理

Dr. Accounts Receivable（EUR 12 000.00）

记录客户应收账款（含增值税）

Cr. Sales Revenue（EUR 10 000.00）

记录销售收入（不含增值税）

Cr. Output VAT（EUR 2 000.00）

记录增值税销项税额（20%）

合规性说明

1. 金额与税率准确性：

翻译文本严格匹配原文数据（CNY 100 000.00、EUR 10 000.00），增值税计算符合中国（13%）和欧盟（20%）税率要求。

2. IFRS准则遵循：

采购订单：按成本确认库存，进项税额单独列示（IAS 2）。

销售发票：收入按不含税金额确认，销项税额计入负债（IFRS 15）。

3. 货币单位规范：

使用国际标准货币代码（CNY、EUR），金额格式统一为两位小数。

◈ 如何验证结果

1. 翻译准确性验证

语言校对：由双语财务人员检查翻译文本，确保专业术语（如"增值税""应收账款"）准确无误。

数据核对：对比原文与翻译文本，确认金额（CNY 100 000.00、

EUR 10 000.00）、 税 率（13%、20%） 和 货 币 单 位（CNY、EUR）
一致。

2. 会计分录合规性验证

准则匹配：核对分录是否符合 IFRS 准则（如 IAS 2 库存成本确
认、IFRS 15 收入确认）。

金额计算：验证增值税计算是否正确（ 如 CNY 100 000 × 13%=
CNY 13 000；EUR 10 000 × 20%=EUR 2 000 ）。

3. 工具辅助验证

使用财务软件（ 如 SAP、Oracle ）模拟录入分录，检查系统是否
接受并生成正确报表。

利用税务合规工具（如增值税计算器）验证税率和税额计算。

4. 审计支持

由内部审计团队审查翻译文本和分录，确保符合公司政策和法律
法规。

通过以上步骤，可全面验证 DeepSeek 输出的结果，确保其准确
性、合规性和实用性。

8.4　多语言财务文档处理

◈　案例概述

"面对多语言财务文档和复杂的跨国税务，如何高效完成账务处
理并确保合规？"

全球贸易有限公司（Global Trade Co., Ltd.）是一家跨国贸易企
业，业务覆盖中国、美国、德国和日本，年营业额达 1.2 亿美元。公

司需要处理多语言财务文档，包括中文、英文、德文和日文的发票、账单、银行对账单等。现有以下财务要求：

1. 多语言文档处理：将非中文文档翻译为中文，并转换为人民币（CNY）进行核算，汇率采用每月最后一个工作日的中间价（1 USD=6.5 CNY，1 EUR=7.8 CNY，1 JPY=0.06 CNY）。

2. 税务计算：根据各国税法计算增值税、销售税、消费税和企业所得税（中国：增值税 13%，企业所得税 25%；美国：销售税 7%，联邦所得税 21%；德国：增值税 19%，企业所得税 15%；日本：消费税 10%，企业所得税 23.2%）。

3. 财务报表编制：生成多语言合并财务报表，确保符合各国法律法规。

◈ 如何编写高效提示词

"请协助处理全球贸易有限公司的多语言财务文档，具体要求如下：

1. 文档翻译与转换：将英文、德文、日文财务文档翻译为中文，并将金额转换为人民币。汇率采用每月最后一个工作日的中间价（1 USD=6.5 CNY，1 EUR=7.8 CNY，1 JPY=0.06 CNY）。案例数据：中国子公司月收入 500 万美元，美国 300 万美元，德国 200 万美元，日本 200 万美元。

2. 税务计算：根据各国税法计算增值税、销售税、消费税和企业所得税。税率如下：

中国：增值税 13%，企业所得税 25%（示例：中国子公司月收入 500 万美元，增值税 =500 万 ×13%=65 万美元）。

美国：销售税 7%，联邦所得税 21%（示例：美国子公司月收入 300 万美元，销售税 =300 万 ×7%=21 万美元）。

德国：增值税 19%，企业所得税 15%（示例：德国子公司月收入 200 万美元，增值税 =200 万 ×19%=38 万美元）。

日本：消费税 10%，企业所得税 23.2%（示例：日本子公司月收入 200 万美元，消费税 =200 万 ×10%=20 万美元）。

3. 报表生成：编制中、英、德、日文合并财务报表，确保符合中国、美国、德国和日本的法律法规。

4. 请输出详细处理步骤、计算结果及多语言财务报表。"

◈ DeepSeek 回复

详细处理步骤及计算结果

一、文档翻译与货币转换

1. 多语言文档翻译

使用财务翻译工具将英文、德文、日文文档翻译为中文，确保专业术语准确（如"Invoice"译为"发票"，"Tax Identification Number"译为"纳税人识别号"）。

示例翻译：

英文原文："Invoice for Electronic Components – Total: $300 000"

中文译文："电子元件发票 – 总金额：300 000 美元"

2. 外币金额转换为人民币

根据汇率（1 USD=6.5 CNY，1 EUR=7.8 CNY，1 JPY=0.06 CNY）进行转换：

中国子公司：500 万美元 ×6.5=3 250 万元人民币

美国子公司：300 万美元 ×6.5=1 950 万元人民币

德国子公司：200 万欧元 ×7.8=1 560 万元人民币

日本子公司：200 万日元 ×0.06=12 万元人民币

二、税务计算

1. 中国子公司

增值税：500 万美元 ×13%=65 万美元（折合人民币：65 万 ×6.5=422.5 万元人民币）

企业所得税（假设税前利润率为20%）：500万美元×20%×25%=25万美元（折合人民币：25万×6.5=162.5万元人民币）

2. 美国子公司

销售税：300万美元×7%=21万美元（折合人民币：21万×6.5=136.5万元人民币）

联邦所得税（假设税前利润率为15%）：300万美元×15%×21%=9.45万美元（折合人民币：9.45万×6.5=61.425万元人民币）

3. 德国子公司

增值税：200万欧元×19%=38万欧元（折合人民币：38万×7.8=296.4万元人民币）

企业所得税（假设税前利润率为18%）：200万欧元×18%×15%=5.4万欧元（折合人民币：5.4万×7.8=42.12万元人民币）

4. 日本子公司

消费税：200万日元×10%=20万日元（折合人民币：20万×0.06=1.2万元人民币）

企业所得税（假设税前利润率为10%）：200万日元×10%×23.2%=4.64万日元（折合人民币：4.64万×0.06=0.278万元人民币）

三、多语言合并财务报表（简表示例）

合并利润表（单位：人民币／元）

项目	中国子公司	美国子公司	德国子公司	日本子公司	合并总额
营业收入	3 250万	1 950万	1 560万	12万	6 772万
增值税／销售税	422.5万	136.5万	296.4万	1.2万	856.6万
企业所得税	162.5万	61.425万	42.12万	0.278万	266.323万
净利润	2 665万	1 752.075万	1 221.48万	10.522万	5 649.077万

注：净利润计算假设成本费用已扣除，此处为简化示例。

四、合规性说明

1. 中国：符合《中华人民共和国增值税暂行条例》（税率13%）

及《中华人民共和国企业所得税法》（税率 25%）。

2. 美国：符合《Internal Revenue Code》（联邦所得税 21%）及加州销售税规定（税率 7%）。

3. 德国：符合《Umsatzsteuergesetz》（增值税 19%）及《Körperschaftsteuergesetz》（企业所得税 15%）。

4. 日本：符合《消费税法》（税率 10%）及《法人税法》（企业所得税 23.2%）。

五、输出文件

1. 多语言财务报表（中、英、德、日文版本）。

2. 税务计算明细表（含原始货币与人民币金额）。

3. 汇率转换记录（附当月央行中间价截图）。

通过上述流程，全球贸易有限公司可确保财务处理高效、合规，满足跨国业务的多语言及多法规需求。

◈ 如何验证结果

1. 数据一致性检查

核对 DeepSeek 输出的翻译文档与原始文档，确保关键信息（如金额、日期、交易方）准确无误。

验证汇率转换结果是否与央行公布的中间价一致（1 USD=6.5 CNY，1 EUR=7.8 CNY，1 JPY=0.06 CNY）。

2. 税务计算复核

使用各国税法规定的税率重新计算增值税、销售税、消费税和企业所得税，确保与 DeepSeek 输出结果一致。

示例：中国子公司增值税 =500 万美元 × 13%=65 万美元，折合人民币 422.5 万元。

3. 财务报表逻辑验证

检查合并财务报表的数学逻辑，确保营业收入、税费、净利润等数据计算正确。

核对多语言版本的一致性，确保翻译准确且符合各国财务术语规范。

4. 合规性审查

确认税务计算和报表编制符合中国、美国、德国和日本的现行法律法规。

参考各国税务局官方文件或咨询专业会计师进行复核。

通过以上步骤，可确保 DeepSeek 输出结果的准确性、合规性和可靠性。

DeepSeek

财务操作手册

（随书赠阅）

人民邮电出版社

北京

一、为什么你需要 DeepSeek？

每天早上打开电脑，你是否总感觉时间不够用？邮件要回、报告要写、数据要分析、会议要准备 ... 这些重复性工作正在消耗你宝贵的时间和精力。在这个信息爆炸的时代，普通上班族正面临前所未有的效率挑战。

1 现代职场的高效需求

想象一下这些场景：

老板临时要一份市场分析，但你完全没时间从头研究；

收件箱堆满待回复邮件，每封都要斟酌措辞；

开完会还要花半小时整理会议记录。

这些工作都不难，但会占用你大量时间。调查显示，普通上班族平均每天要花 2 小时处理邮件，1.5 小时参加会议，1 小时整理文档，真正用于核心工作的时间不足 40%。

DeepSeek 能帮你自动完成这些重复劳动。比如市场部的李敏以前准备竞品分析需要 2 天，现在用 DeepSeek 1 小时就能完成初稿；财务主管王姐以前做月度报表要核对一整天，现在 AI 辅助检查 3 小时就能完成。

2 DeepSeek 是什么？

DeepSeek 是一个智能 AI 助手，就像你 24 小时在线的"数字同事"。它主要有三大功能：

（1）智能问答：从"如何写辞职信"到"最新财税政策解读"，都能给出专业回答。比如你可以问："帮我用专业但友好的语气写一封推荐新产品的邮件"，10秒就能得到完整内容。

（2）文档处理：能阅读PDF、Word、Excel等文件，帮你总结、改写或提取关键信息。比如上传一份20页的报告，让它提炼出3个核心观点。

（3）内容创作：可以快速生成邮件、报告、PPT大纲等。比如输入"帮我写一份清晰的工作周报"，立即就能得到结构完整的初稿。

3 本文能带给你什么

本指南将从最基础的注册开始，手把手教你使用DeepSeek。学完后你将能够：

（1）用AI处理日常文书工作，比如自动写邮件、生成报告

（2）快速完成数据分析，比如让AI帮你发现销售数据趋势

（3）即时获取专业知识，比如查询最新行业动态

无论你是刚入职的新人，还是资深专业人士，都能找到适合自己的应用场景。比如：

（1）行政人员可以用它自动整理会议记录；

（2）销售人员可以用它生成客户提案；

（3）财务人员可以用它处理报表数据。

4. 真实使用案例

让我们看几个真实案例：

（1）市场专员小张以前准备竞品分析需要2天，现在用 DeepSeek 1 小时就能完成初稿，效率提升 80%。

（2）HR 小李以前筛选 100 份简历要一整天，现在用 AI 辅助，2 小时就能完成初步筛选。

（3）项目经理老王每周要花 4 小时写项目报告，现在用 DeepSeek 生成初稿，只需 1 小时修改完善。

这些案例证明，DeepSeek 确实能帮助普通上班族大幅提升工作效率。在接下来的章节中，我们将详细介绍如何注册和使用这个强大的工具，让你的工作变得更轻松高效。

二、DeepSeek 基础入门：注册与界面介绍

1 如何注册 DeepSeek 账号

使用 DeepSeek 的第一步是注册账号，整个过程非常简单，只需要 2 分钟。目前 DeepSeek 提供网页版和手机 APP 两种使用方式。

（1）网页版注册

打开浏览器访问 DeepSeek 官网，点击右上角的"注册"按钮。你可以选择用手机号注册，或者直接使用微信、QQ 等第三方账号快速登录。注册完成后，系统会发送验证码到你的手机，输入验证码即可完成验证。

（2）APP 下载安装

在手机应用商店搜索"DeepSeek"，下载安装官方 APP。安装完成后打开应用，注册流程与网页版相同。建议上班族都安装手机 APP，这样随时随地都能使用。

小提示：首次注册后会赠送一定量的免费试用额度，足够你体验基础功能。如果需要更强大的功能，可以后续选择适合的付费套餐。

2 主界面功能概览

成功登录后，你会看到 DeepSeek 简洁明了的主界面。主要分为三个功能区：

我是 DeepSeek，很高兴见到你！

我可以帮你写代码、读文件、写作各种创意内容，请把你的任务交给我吧~

给 DeepSeek 发送消息

深度思考 (R1)　联网搜索

（1）聊天对话区

这是最核心的功能区域，你可以在这里输入问题或指令，DeepSeek 会即时给出回答。比如输入"如何写工作周报"，就能获得详细的写作建议。

（2）文件上传区

点击"+"按钮，可以上传 PDF、Word、Excel 等文件让 AI 处理。例如上传一份会议记录 PDF，让 AI 帮你总结重点。

（3）历史记录区

这里保存了你所有的对话记录，方便随时查阅之前的问答内容。点击任意历史记录就能快速回到当时的对话。

❸ 个性化设置

为了让 DeepSeek 更符合你的使用习惯，建议进行一些基础设置：

（1）语言偏好设置

在账户设置中可以选择使用简体中文或英文界面。

建议选择"简体中文"，这样 AI 的回答会更符合中文表达习惯。

（2）主题切换

提供白天和夜间两种显示模式，长时间使用时可以切换成护眼的暗色主题。

（3）常用指令保存

对于经常使用的指令，比如"写周报"、"总结会议记录"等，可以保存为快捷指令，下次使用时一键调用。

4 常见问题解答

新手使用时可能会遇到一些小问题，这里列举几个常见情况及解决方法：

（1）登录失败

检查网络连接是否正常，如果使用手机号注册，确认输入的验证码是否正确。也可以尝试切换 WiFi/ 移动数据。

（2）文件上传失败

确保文件大小不超过限制（通常 100MB 以内），格式为支持的 PDF、Word、Excel 等。如果还是失败，可以尝试重新上传。

（3）回答不准确

尝试更清楚地表达你的问题，或者提供更多背景信息。比如把"帮我写报告"改成"帮我写一份关于第二季度销售情况的报告"。

现在你已经完成了 DeepSeek 的基础设置，下一章我们将重点介绍如何用它来处理日常工作信息，让你的效率得到质的提升。建议你先试着上传一份简单的文档，或者问一个工作相关的问题，亲身体验一下 AI 助手的强大功能。

三、高效信息处理：用 DeepSeek 快速获取知识

1 精准搜索技巧

在工作中，我们经常需要快速查找各种信息。DeepSeek 的智能搜索功能比传统搜索引擎更高效，关键在于掌握提问技巧。

（1）明确你的需求

不要问"市场分析怎么做"，而是问"如何做一份关于新能源汽车行业的市场分析报告"。越具体的问题，得到的回答越实用。

（2）使用场景化提问

比如："我要向老板汇报项目进度，需要包含哪些关键数据？"DeepSeek 会根据汇报场景给出针对性建议。

（3）要求结构化回答

可以加上"请分点列出"、"用表格形式展示"等要求。例如："请分三点说明提高工作效率的方法"。

2 整理与总结长文档

处理长篇报告、会议记录是很多上班族的痛点。DeepSeek 可以快速提炼关键信息。

（1）上传文档自动总结

将会议记录 PDF 拖入对话框，输入"请总结本次会议的三个关键决议"，30 秒就能得到清晰摘要。

（2）重点内容提取

对调研报告说："提取关于市场趋势的五个重要数据"，AI 会帮你标出核心数字。

（3）生成执行清单

输入"根据这份项目计划书，列出我本周需要完成的任务"，立即获得待办事项列表。

3 **行业数据分析**

（1）快速获取行业动态

问："最近三个月人工智能行业有哪些重要发展？"，DeepSeek 会整理最新资讯。

（2）竞品分析支持

输入"请分析 A 公司和 B 公司的主要产品差异"，获得对比表格。

（3）趋势预测

提问："根据近两年数据，预测下季度销售趋势"，AI 会结合历史数据给出专业判断。

4 **知识库管理**

（1）重要回答收藏

遇到有价值的回答，点击收藏按钮建立个人知识库。

（2）分类整理

创建不同文件夹，如"市场资料"、"产品知识"等，方便后续查找。

（3）定期回顾

设置每周提醒，复习收藏的重要内容，加深记忆。

5 避免信息过载

（1）设置信息过滤

告诉 AI："只需要提供近两年的数据"，避免过多历史信息干扰。

（2）要求精简回答

在问题后加上"请用 200 字以内回答"，获得简洁明了的回复。

（3）分阶段获取

复杂问题可以拆解，先问框架再问细节，避免一次性信息过多。

实际案例：市场专员小王需要准备行业报告。以前要花 3 天查阅资料，现在用 DeepSeek：

（1）先问"2023 年智能手机行业三大趋势"；

（2）再要求"用表格对比主要品牌市场份额"；

（3）最后"总结成 500 字的汇报要点"；

（4）整个过程只需 2 小时，效率提升 80%。

记住，DeepSeek 就像一位专业的研究助理，你问得越清楚，它回答得越精准。下一章我们将重点介绍如何用 AI 自动化处理办公文档，让你彻底告别重复性文书工作。

四、智能写作助手：提升文案与沟通效率

1 商务邮件优化

职场邮件是每天都要面对的沟通工具，但写出得体专业的邮件并不容易。DeepSeek 可以帮助你快速完成高质量的邮件写作。

（1）自动生成邮件初稿

遇到需要写邮件时，只需简单描述需求：

"请帮我写一封跟进客户会议的邮件，语气专业但友好，询问项目进展并提议下周再次沟通的时间"

（2）邮件语气调整

同一封邮件可以要求不同风格：

"请将这封邮件的语气调整为更正式／更亲切／更简洁"

AI 会根据你的需求调整用词和句式。

（3）多语言邮件支持

需要写英文邮件时：

"请将这封中文邮件翻译成专业的商务英语邮件"

销售代表林先生的实用案例：过去每封重要客户邮件都要反复修改，现在用 DeepSeek 生成初稿后再微调，邮件撰写时间从 20 分钟缩短到 5 分钟。

2 工作报告与提案撰写

无论是日常工作报告还是重要项目提案，DeepSeek

都能提供专业的写作支持。

（1）结构化框架生成

输入简单主题就能获得完整框架：

"请为'新产品市场推广方案'制作包含市场分析、目标群体、推广策略、预算分配等部分的提案框架"

（2）内容细节补充

有了框架后可以继续完善：

"请为'推广策略'部分补充 3 个具体的执行方案，每个方案不超过 200 字"

（3）数据可视化描述

对于包含数据的部分：

"请用通俗易懂的语言解释这份销售数据图表的主要发现"

市场总监王女士的使用心得：过去准备重要提案需要团队协作 3 天，现在用 DeepSeek 生成初稿后团队讨论修改，整体效率提升 60%。

③ 社交媒体文案创作

在新媒体时代，吸引眼球的社交媒体文案成为必备技能。DeepSeek 可以帮助你快速产出优质内容。

（1）多平台适配

根据不同平台特点生成文案：

"请为这款新产品创作适合微信朋友圈、微博和小红书三个平台的推广文案，每篇不超过 100 字"

（2）热点借势创作

结合时事热点：

"请结合最近的环保热点，为我们的可降解产品创作 3 条社交媒体文案"

（3）多风格尝试

可以要求不同风格的文案：

"请为同一款产品创作正式版、幽默版和走心版三种风格的文案"

新媒体运营小张的实战经验：过去每天创作 10 条文案要花 4 小时，现在用 DeepSeek 辅助，2 小时就能完成，互动率还提升了 30%。

4 合同与法律文书

专业的法律文书要求严谨准确的表述，DeepSeek 可以提供可靠的辅助。

（1）基础条款生成

输入关键信息就能获得专业文本：

"请起草一份房屋租赁合同，包含租金、租期、维修责任等基本条款"

（2）文书审核优化

将已有合同交给 AI 检查：

"请检查这份合同中的模糊表述，并提出更专业的修改建议"

（3）多版本管理

需要不同版本时：

"请根据这份主合同，分别生成简版和详细版两个版本"

法务助理陈小姐的使用技巧：现在处理常规合同初稿的时间缩短了70%，可以更专注处理复杂的法律问题。

5 技术文档与操作指南

清晰易懂的技术文档能大幅提升工作效率，DeepSeek可以帮助你轻松完成。

（1）流程文档编写

描述操作过程就能获得规范文档：

"请将这份软件安装流程整理成标准的操作指南，包含准备事项、安装步骤和常见问题"

（2）术语解释

让技术语言更易懂：

"请用非技术语言解释这个网络配置参数的作用"

（3）多格式输出

需要不同格式时：

"请将这份操作指南同时转换成Word文档和Markdown格式"

IT支持工程师老李的实用案例：过去编写一份系统操作手册要一周时间，现在用DeepSeek辅助，2天就能完成，用户反馈更易理解。

6 个性化写作风格培养

DeepSeek还可以帮助你发展和保持自己的写作风格。

（1）风格分析

上传你的代表性文档：

"请分析我这几篇文章的写作风格特点"

（2）风格模仿

需要保持风格一致时：

"请按照我平时的写作风格，完成这篇未写完的报告"

（3）风格转换

尝试不同风格：

"请将我这段文字改写成更生动活泼的风格"

专栏作家吴女士的经验分享：使用 DeepSeek 分析自己的写作特点后，她能够更稳定地保持专栏文章的风格一致性，读者反馈明显提升。

通过本章介绍的各种写作辅助功能，你可以大幅提升各类职场文案的撰写效率和质量。下一章我们将探讨如何用 DeepSeek 优化会议和时间管理，让你的工作日程更加高效有序。

五、会议与时间管理：让 AI 成为你的私人秘书

■1 会议全流程智能化管理

会议是职场中最耗时的活动之一。DeepSeek 可以帮你实现从会前准备到会后跟进的全流程智能化管理。

（1）智能议程生成

输入简单的会议主题，AI 就能帮你规划完整议程：

"请为'第三季度销售策略讨论会'制作一个 90 分钟的会议议程，包含市场分析、目标设定和行动计划三个主要环节"

（2）自动会议记录

会议进行时，可以实时录音并上传，会后输入：

"请将这段会议录音整理成正式会议纪要，突出关键决策和行动项"

（3）任务自动分配

会议结束后，让 AI 帮你明确责任：

"请从会议记录中提取所有行动项，并标明负责人和截止日期"

项目经理张先生的实用案例：过去组织一次跨部门会议要花费 3 小时准备和跟进，现在用 DeepSeek 辅助，全程只需 1 小时，会议效率提升 50%。

② 智能日程规划

合理的时间规划是高效工作的基础。DeepSeek 可以成为你的智能日程管家。

（1）待办事项优化

列出你的任务清单，让 AI 帮你优化：

"请帮我将以下 10 项工作按优先级排序，并建议今日最佳完成顺序"

（2）会议时间建议

需要安排会议时：

"请根据我和王总监、李经理三个人的日历，找出下周都有空的 2 小时时间段"

（3）日程平衡分析

定期让 AI 检查你的日程健康度：

"请分析我上周的时间分配情况，指出哪些类型的活动占比过高"

行政主管林女士的使用心得：过去每天要花 30 分钟规划日程，现在用 DeepSeek 的智能建议，5 分钟就能安排好一天工作，时间利用率提高 40%。

③ 邮件与沟通管理

日常沟通占据了大量工作时间。DeepSeek 可以帮助你高效处理各类工作沟通。

（1）重要信息提取

面对大量沟通记录时：

"请从这 20 封往来邮件中，提取关于项目 A 的所有关键决策点"

（2）沟通模板生成

针对常见场景：

"请制作 5 个不同场景下的标准沟通话术模板"

（3）沟通效率分析

定期优化沟通方式：

"请分析我上周的邮件，指出哪些可以更简洁"

客户经理陈先生的实战经验：使用 DeepSeek 优化沟通方式后，他每天节省了 1 小时的邮件处理时间，客户响应速度也大幅提升。

4 任务执行与跟进

确保重要工作不遗漏是职场人士的基本功。DeepSeek 可以成为你的智能任务管家。

（1）任务分解

面对复杂项目时：

"请将这个市场推广项目分解为具体的可执行任务"

（2）进度跟踪

定期更新任务状态：

"请根据我提供的进度更新，重新调整剩余任务的优先级"

（3）风险预警

让 AI 帮你提前发现问题：

"请分析当前项目进度，预测可能出现的延误风险"

产品总监王女士的使用技巧：现在管理 5 个并行项目时，用 DeepSeek 的任务跟踪功能，再也不会遗漏重要节点，项目按时完成率提升 35%。

5 专注力管理

保持高效工作需要良好的专注力。DeepSeek 可以帮助你优化工作节奏。

（1）专注时段建议

根据你的工作习惯：

"请根据我过去一周的工作记录，建议最适合深度专注的时间段"

（2）休息提醒

设置智能提醒：

"请每隔 90 分钟提醒我休息 5 分钟，并建议简单的放松活动"

（3）干扰因素分析

找出影响效率的原因：

"请分析我今天的工作中断情况，指出主要干扰来源"

程序员小张的实用经验：使用 DeepSeek 的专注力管理建议后，他的编码效率提升了 25%，加班时间减少了 40%。

6 工作周报自动化

周报是很多职场人士的例行工作。DeepSeek 可以让这个过程变得轻松高效。

（1）数据自动汇总

整合多个数据源：

"请将我本周的销售数据、客户拜访记录和项目进度整合成周报初稿"

（2）亮点提炼

突出重要成果：

"请从我本周的工作记录中，提炼 3 个最重要的成果"

（3）下周计划生成

基于当前进展：

"请根据本周完成情况，制定下周的工作计划框架"

部门主管刘先生的案例分享：过去写周报要花 2 小时，现在用 DeepSeek 自动生成初稿后微调，20 分钟就能完成，还能确保不遗漏重要内容。

通过本章介绍的智能会议和时间管理技巧，你可以将 DeepSeek 变成得力的工作助手，大幅提升日常工作效率。下一章我们将探讨如何用 AI 处理数据分析工作，即使不懂技术也能获得专业的数据洞察。

六、数据分析与可视化：不懂编程也能用 AI

1 基础数据处理技巧

Excel 是职场中最常用的数据分析工具，但很多复杂功能让非专业人士望而却步。DeepSeek 可以让数据分析变得简单。

（1）数据清洗自动化

上传原始数据表格后：

"请检查这份销售数据表中的缺失值和异常值，并提出处理建议"

AI 会自动识别问题数据，并给出专业处理方案。

（2）常用公式生成

不懂复杂公式也没关系：

"请写一个 Excel 公式，计算各地区销售额的月环比增长率，结果以百分比显示"

DeepSeek 会给出可直接复制的完整公式。

（3）数据分类汇总

需要统计数据时：

"请按产品类别和地区两个维度，汇总这份销售数据的总金额和平均单价"

AI 会自动生成清晰的数据透视表。

财务助理小王的实用案例：过去处理月度销售报表要手动核对上千行数据，现在用 DeepSeek 辅助，工作时间从 8 小时缩短到 2 小时，准确率还更高了。

2 智能数据分析

DeepSeek 可以帮助你从数据中发现有价值的业务洞察。

（1）趋势分析

上传时间序列数据：

"请分析过去 12 个月的销售数据，指出主要的趋势特征和季节性规律"

AI 会识别出增长趋势、波动周期等关键模式。

（2）异常点检测

担心数据有问题时：

"请检查这份质量检测数据，标记出所有超出正常范围的异常值"

DeepSeek 会用专业统计方法识别真正异常。

（3）相关性分析

想了解因素间关系：

"请分析客户满意度评分与售后服务响应时间之间是否存在相关性"

AI 会计算相关系数并解释业务意义。

市场分析师张女士的使用心得：过去做数据分析要依赖 IT 部门，现在用 DeepSeek 可以自主完成 80% 的常规分析，决策速度大幅提升。

3 专业可视化呈现

数据可视化是呈现分析结果的关键。DeepSeek 可以帮你选择最合适的图表形式。

（1）图表类型推荐

不确定如何展示数据：

"这份包含产品、区域、销售额三个维度的数据，最适合用什么图表呈现？"

AI 会根据数据特征推荐柱状图、热力图等多种方案。

（2）图表制作指导

需要具体操作步骤：

"请给出在 Excel 中制作这个销售趋势折线图的详细步骤"

DeepSeek 会提供从数据准备到格式调整的完整指南。

（3）动态看板建议

要做复杂看板时：

"请设计一个包含销售趋势、区域分布和产品构成的交互式仪表板架构"

AI 会建议合理的布局和联动逻辑。

销售总监陈先生的实战经验：过去向管理层汇报要用 3 天准备数据图表，现在用 DeepSeek 辅助，1 天就能完成专业级的可视化报告。

4 预测与决策支持

DeepSeek 还能基于历史数据提供预测性分析，辅助业务决策。

（1）销售预测

输入历史数据：

"请根据过去 3 年的销售数据，预测下个季度的销售额，并给出预测依据"

AI 会建立预测模型并说明关键影响因素。

（2）库存优化

管理库存时：

"请分析过去一年的产品销售节奏，建议各类产品的最佳库存水平"

DeepSeek 会考虑季节性、周转率等多重因素。

（3）风险评估

面对不确定性：

"请基于市场变化趋势，评估我们新产品上市的 3 个主要风险点"

AI 会结合行业数据和业务逻辑提供专业分析。

运营经理林女士的案例分享：使用 DeepSeek 的预测功能后，她的库存决策准确率提高了 30%，滞销库存减少了 45%。

5 专业报告自动生成

将数据分析结果转化为专业报告是很多人的痛点。DeepSeek 可以一键生成完整报告。

（1）分析报告框架

不确定报告结构时：

"请为这份销售数据分析设计一个 10 页的报告框架，包含关键发现和建议"

AI 会提供逻辑清晰的专业框架。

（2）数据解读辅助

看不懂分析结果：

"请用通俗易懂的语言解释这个回归分析的主要结论"

DeepSeek 会把技术术语转化为业务语言。

（3）多版本输出

需要不同版本时：

"请根据同一份数据，分别准备给高管的技术版和给部门的简版报告"

AI 会自动调整内容的专业深度。

数据分析师老刘的使用技巧：现在 90% 的常规报告都能用 DeepSeek 生成初稿，他只需专注处理最关键的 20% 深度分析。

通过本章介绍的数据分析技巧，即使没有任何编程基础，你也能轻松完成专业级的数据处理工作。下一章我们将探讨如何用 DeepSeek 突破语言障碍，在国际业务中游刃有余。

七、跨语言工作：翻译与国际业务支持

1 高质量实时翻译

在国际商务环境中，语言障碍常常成为沟通的绊脚石。DeepSeek 的实时翻译功能可以帮你轻松跨越这道鸿沟。

（1）多语言即时互译

无论是邮件、文件还是即时消息，都可以快速翻译：

"请将这份中文产品说明翻译成英文，保持专业术语准确"

"将收到的日文询价邮件翻译成中文，重点标注客户的具体需求"

（2）语境适配翻译

不同于普通翻译软件的字面转换，DeepSeek 能理解上下文：

"请将这段商务对话翻译成英文，使用适合跨国企业沟通的正式语气"

AI 会调整用词和句式，确保翻译结果符合商务场景。

（3）专业领域优化

针对特定行业提供精准翻译：

"将这份医疗器械的技术文档从英文翻译成中文，

确保医学术语准确"

DeepSeek 会采用行业标准术语，避免常见翻译错误。

外贸专员李小姐的实战案例：过去处理英文邮件要反复查词典，现在用 DeepSeek 实时翻译，沟通效率提升 3 倍，客户响应速度明显加快。

2 外贸邮件与合同润色

国际商务文件需要符合目标语言的表达习惯和专业要求。DeepSeek 可以帮你产出地道的商务文本。

（1）邮件语气优化

让商务邮件更符合国际惯例：

"请将这封中文商务邮件改写成地道的英文版本，语气专业但友好"

AI 会调整句式结构，使用更符合英语习惯的表达。

（2）合同条款精准转换

法律文件翻译需要特别谨慎：

"请将这份中文采购合同翻译成英文版本，特别注意付款条款和违约责任部分的准确性"

DeepSeek 会保持法律术语的严谨性，避免歧义。

（3）多版本管理

需要不同语言版本时：

"请以这份中文合同为基础，同步生成英文和日文版本"

AI 会确保多语言版本内容一致，避免翻译偏差。

国际业务主管王总的经验分享：过去重要合同翻译要外包给专业公司，现在用 DeepSeek 完成初稿后只需请律师简单复核，成本降低 60%，周期缩短 80%。

3 海外市场调研

开拓国际市场需要快速获取和分析外文资料。DeepSeek 可以帮你突破语言限制。

（1）外文资料速读

面对大量外文信息时：

"请总结这篇 20 页的英文行业报告的核心观点，用中文列出 5 个关键发现"

AI 会快速提取核心内容，节省阅读时间。

（2）竞品信息收集

了解国外竞争对手：

"请从这 10 篇英文新闻报道中，提取 A 公司最新产品的技术特点和市场定位"

DeepSeek 会整理出结构化的竞品分析。

（3）趋势报告生成

综合多语言信息源：

"请基于最近三个月的中英日韩媒体报道，分析东南亚市场的消费趋势变化"

AI 会整合不同语言的信息，形成完整洞察。

市场调研经理张女士的使用心得：过去做国际市场分析要依赖翻译公司，现在用 DeepSeek 可以直接处理多语言资料，调研周期缩短 50%，成本降低 70%。

4 跨文化沟通建议

在国际商务中，语言只是基础，文化差异才是更大的挑战。DeepSeek 可以提供专业的跨文化指导。

（1）商务礼仪建议

准备国际会议时：

"下周将与德国客户进行视频会议，请提供需要注意的商务礼仪和文化差异"

AI 会列出具体的行为建议，从时间观念到沟通风格。

（2）文化禁忌提醒

避免无意冒犯：

"在给中东客户的新年贺信中，有哪些需要特别注意的文化禁忌？"

DeepSeek 会指出可能敏感的话题和表达方式。

（3）谈判策略优化

应对文化差异：

"与日本客户谈判时，有哪些不同于欧美客户的沟通技巧？"

AI 会分析不同文化背景下的谈判特点，提供实用建议。

国际业务发展总监陈先生的实战经验：使用 DeepSeek 的跨文化建议后，他与亚洲客户的谈判成功率提升了 40%，项目推进更加顺利。

通过本章介绍的多语言工作技巧，你可以轻松应对国际业务中的语言和文化挑战。下一章我们将探讨如何用 DeepSeek 进行个性化学习与技能提升，持续增强你的职场竞争力。

八、总结：开启你的高效职场新时代

1 核心功能场景回顾

经过前面章节的学习，相信你已经对 DeepSeek 的强大功能有了全面了解。让我们回顾几个最具代表性的应用场景，帮助你找到最适合自己的切入点。

（1）文档处理类工作

如果你每天要处理大量文书工作，可以优先尝试会议纪要自动生成、报告快速撰写、邮件智能优化等功能。行政助理小周就是通过自动会议记录功能，每周节省了 5 小时文书工作时间。

（2）数据分析任务

需要处理报表、分析数据的职场人士，可以重点使用数据清洗、可视化分析、趋势预测等功能。市场分析师王先生借助数据透视功能，将月度市场分析报告的制作时间缩短了 60%。

（3）跨部门沟通协作

经常需要跨团队协作的职场人士，可以尝试多语言翻译、沟通话术优化、项目进度自动跟踪等功能。项目经理李女士使用团队协作功能后，项目沟通效率提升了 40%。

2 制定个人使用计划

要让 DeepSeek 真正发挥价值，建议你制定一个循序渐进的实施计划。

（1）从痛点入手

先列出你最耗时的 3 项日常工作，比如：

- 每周五的部门周报
- 每日客户邮件回复
- 月度销售数据分析

（2）分阶段实施

建议的 3 个实施阶段：

第一阶段（1–2 周）：掌握 1–2 个核心功能

第二阶段（3–4 周）：扩展到常用工作场景

第三阶段（5–6 周）：实现深度工作流整合

（3）效果评估优化

每月进行一次使用效果评估：

- 记录节省的时间
- 分析质量提升情况
- 调整使用策略

人力资源总监张先生的实施经验：他先用 2 周时间熟练掌握招聘简历筛选功能，然后逐步扩展到员工培训方案制定，6 个月后整个 HR 部门的工作效率提升了 55%。

3 未来 AI 办公趋势展望

随着 AI 技术的快速发展，未来的工作方式将发生深刻变革。

（1）深度工作流整合

AI 将深度嵌入各类办公软件，实现真正的智能办公套件。比如在 Word 中直接调用 AI 辅助写作，在 Excel 中一键生成数据分析。

（2）个性化工作助手

AI 助手将越来越了解个人工作习惯，能够主动提供协助。比如自动识别你的工作节奏，在最需要的时候提供支持。

（3）人机协作新模式

人类负责创意和决策，AI 处理执行和优化，形成高效的人机协作模式。就像设计师专注创意构思，AI 负责处理技术实现。

数字化转型专家预测：未来 3 年内，AI 助手将帮助职场人士节省 40% 以上的例行工作时间，让人们可以更专注于创造性的工作。

4 分享你的成功案例

现在，我们邀请你成为 AI 高效办公的实践者和传播者。

（1）记录你的改变

在使用 DeepSeek 的过程中，建议你：

- 记录每个功能节省的时间
- 收集质量提升的证据
- 拍摄前后对比的工作场景

（2）与同事分享经验

可以组织小型分享会：

- 演示你最常用的 3 个功能
- 分享具体的使用技巧

- 解答同事的使用疑问

（3）参与社区互动

加入 DeepSeek 用户社区：

- 分享你的创新用法
- 学习他人的经验
- 共同推动产品优化

市场部团队的成功故事：在部门内部分享 AI 使用经验后，整个团队的工作效率在 3 个月内整体提升了 35%，还获得了公司的创新奖励。

通过本指南的系统学习，你已经掌握了使用 DeepSeek 提升工作效率的核心方法。记住，AI 不是要取代你的工作，而是要让你从繁琐的重复劳动中解放出来，把更多精力投入到真正需要人类智慧的工作中。现在就开始你的 AI 高效办公之旅吧!